U0520900

故宫——

名副其实的超级博物馆,中国博物馆界的老大哥

故宫建筑群本身就是件超级宝物

藏品超过 180 万件

书画、瓷器、珠宝玉器、青铜器、漆器、金银器、丝织品、

家具、钟表等几乎无所不包,国宝更是难以胜数

行走在故宫,与这些珍宝来一场美好的相遇吧

人民文学出版社
天天出版社

博物馆里的中国历史

故宫里的宝藏

罗米 著

图书在版编目（CIP）数据

博物馆里的中国历史. 故宫里的宝藏 / 罗米著. -- 北京：天天出版社，2020.10（2024.6重印）
ISBN 978-7-5016-1647-3

Ⅰ.①博… Ⅱ.①罗… Ⅲ.①博物馆—历史文物—中国—少儿读物 Ⅳ.①K87-49

中国版本图书馆CIP数据核字(2020)第179919号

责任编辑：董 蕾　　　　　美术编辑：邓 茜
责任印制：康远超　张 璞

出版发行：天天出版社有限责任公司
地　址：北京市东城区东中街42号　　邮编：100027
市场部：010-64169902　　　　　　　传真：010-64169902
网　址：http://www.tiantianpublishing.com
邮　箱：tiantiancbs@163.com

印　刷：北京博海升彩色印刷有限公司　经销：全国新华书店等
开　本：880×1230　1/32　　　　　　印张：46
版　次：2020年10月北京第1版　　　印次：2024年6月第6次印刷
字　数：654 千字　　　　　　　　　印数：24,001-27,000 套
书　号：978-7-5016-1647-3　　　　　定价：260.00 元（全六册）

版权所有·侵权必究
如有印装质量问题，请与本社市场部联系调换。

从哪里来，到哪里去？

网上流传着一个段子，说北大校门口站岗的保安是最有思想的人，因为面对每个进校的人，他们都会追问三个问题：你是谁？你从哪里来？你到哪里去？

这其实也是我们人类孜孜以求数千年的终极问题！

回答北大保安的问题不用费力，但想找到这"终极三问"的答案却很难。

不过，当我们走进博物馆，大概会发现自己离答案近了一点。

初进博物馆，站在拙朴恢宏的陶器、青铜器面前，站在巧夺天工的玉器、瓷器面前，站在萧疏简淡的文人书画面前,我们首先感受到的是中华民族的想象力可以达到何等的广度,创造力可以达到何等的高度,思维可以达到何等的深度。国宝、文物、艺术品,它们多么令人震撼、令人敬畏!

如果你能放下这样的思想包袱,真正走近它们,与它们对话,你会发现它们比想象的要亲切得多。你看,七千年前的杯盘碗盏,它们的样式和我们今天使用的几乎一样,作用当然也基本相同;三千年前刻铸了主人名字的青铜礼器,与我们今天的"高级定制"何其相似;至于书法和绘画则更让人备感亲切,我们几乎人人都参加过相关的兴趣班,感受过一番笔墨涂抹的乐趣。如果你愿意寻找,还可以发现更多活泼有趣的古今共同点:史前的一只陶壶把上刻着两个点和一条上翘的弧线,这不正是今天电脑上的笑脸符号吗?汉代的百戏陶俑耸肩吐舌,活像表情包……

为什么历史会有这样神奇的重现?为什么我们接受它们毫不费力?

因为人同此心啊！

虽然我们与创造它们的祖先隔着千百年的光阴，但血脉相连，思想相通，文明薪火相传。在某一瞬间，我们会因为读懂了古人的心思而莞尔一笑；在某一瞬间，似乎我们体内沉淀的古老记忆被突然唤醒，以至于心跳加速、热血奔涌。

个人的情感体验，就在博物馆中不知不觉得到了丰富和升华，像有一种神秘的力量吸引着你去探索自己的内心，让你变得丰富而有趣，坚定而有力。

这种感觉，如此幸福，令人陶醉。

当然，如果你储备了更多历史文化知识，这种幸福感会来得更加强烈。

每件文物都是政治、经济、科技、文化、艺术在某个时间节点上的交汇与融合，它背后关联的是鲜活的人和具体的事，是绵延的时间和宏阔的空间。我们可以还原这些文物背后的历史场景，理解我们祖先的喜怒哀乐，明白他们一路走来的选择与艰辛，以及他们憧憬要去的地方。

其实，他们就是我们。

我们了解得越多，越能明白我们是谁；我们了解得越多，越能感受到来自文化深处的神秘力量，它让我们内心强大，无所畏惧。

再回到本文开头那个问题，我们是从哪里来的，要到哪里去？相信这一刻，也许你心中已有了答案。

经常出入博物馆，三千里江山在眼前铺陈，五千年文化在心头奔流，耳濡目染与潜移默化中，自然胸怀博大、格局宽广、眼界高远。这样的人，往往内心坚韧、步履从容，所行之路，无论平坦坎坷，必定有星辰大海相伴。

拥有如此灿烂的文明是一个民族何等的幸事，能亲近这些文化遗产，又是何等美好的体验啊！齐白石老人曾说"万物过眼皆为我有"，所以，只需要进入博物馆，去看见，去体验，你便能轻松拥有这一切，世界上还有什么样的财富能比得上这些遗产的万分之一呢？

在写下这套书之前，我就无数次感受过这样的幸福，拥有了数不尽的财富，因为我走过大大小小数百家博物馆，与无数艺术珍品相遇。现在，我想通过这套书，把这些幸福和财富与你分享。

这套书涵盖了中国大部分省份的重要博物馆，介绍每个馆内独具代表性的文物，透过它们，我们可以看到各个地域的独特风情，如中原的庄严、楚地的浪漫、江南的灵秀、大漠的苍凉、岭南的活泼、草原的粗犷……这些文物往往也能代表一个时代生产力发展的极致水平。

在分册安排上，除故宫单列一册，其他省份按地域划片，分为五册。由于文物数量太多，对要介绍的文物实在是很费了一番取舍，基本原则就是尽可能多地覆盖时代、地域、门类、创作者和博物馆，尽可能选择我们更熟悉的文物，尽可能将具有代表性的重点文物讲透，以便读者能从一件文物上了解一类文物，了解当时的历史文化。

这套书是一个引子，引发你的好奇心，让你产生亲眼一见这些历史文物的冲动，并能为你提供一些知识辅助，让你的参观过程更加丰富有趣、收获满满。某一天，当你走进博物馆，与这些作品真正面对面时，你会怦然心动，产生一种久别重逢的熟悉感，那便是我最期待的事。

2020年4月于北京西山

目录

	进宫咯！	001
西周	石鼓文	017
战国	宴乐渔猎攻战纹图壶	025
东晋	兰亭序	031
唐	步辇图	043
唐	五牛图	054
五代	韩熙载夜宴图	061
五代	写生珍禽图卷	071
宋	千里江山图	077
宋	清明上河图	086
宋	芙蓉锦鸡图	102
元	秀石疏林图	111
元	伯牙鼓琴图	119
明	关羽擒将图	131

明	一团和气图	145
明	墨葡萄图	155
明	银方斗式杯	164
清	银镀金浑天仪	171
清	乾隆大阅图	182
清	写字人钟	192
清	瓷母	205
清	儿童斗草图	219
清	样式雷	225

进宫咯！

故宫的前世今生

故宫建筑群里等级最高最辉煌的太和殿

(海峰 / FOTOE)

说起中国的国宝，无论是体量还是名气，故宫里的藏品都首屈一指。单是 2018 年，故宫接待观众便超过了一千七百万人次，放眼全世界没有哪个博物馆能与之匹敌。不过，对于故宫来说，这却像是个"美丽的负担"。由于观众太多，故宫属于超负荷运行，为了保护文物，故宫不得不限制每天的观众人数，致使节假日抢门票的难度堪比春运。国宝人气王，不是它还能是谁！

故宫原称紫禁城，这个名字倒是更加直接地道出了皇室宫殿的威严。

紫，是指紫微星，也就是北极星，中国古人认为紫微星是位于中天的星，也是天帝的居所，所以居于地上的天子宫殿也与之呼应，名为"紫"。"禁城"当然是指这里乃皇家禁地，森严不可冒犯。

故宫是世界上最大木结构宫殿，明永乐十八年，也就是公元 1420 年落成，从此以后就成为数代天子的宫苑。历经五百零四年光阴，直到 1924 年溥仪被逐出宫，它作为"紫禁城"的身份才结束，而作为"故宫"的历史也就由此开始。

一个"故"字，便道出了随风而去的王朝旧梦和尘封已久的历史记忆。

1925 年 10 月 10 日，故宫正式成立博物院，向公众开放。

经过清点，故宫目前的藏品多达一百八十余万件，它们代表着中华文化与艺术的最高成就。不过，故宫博物院中最辉煌华美、独一无二的艺术珍品，正是故宫建筑群本身。

故宫虽是旧时皇帝的宫殿，有一点倒是与百姓的居所无异，那就是无论正殿还是主室都一律坐北朝南，这也是由中国所处的地理位置决定的。北回归线以北的区域，只有坐北朝南才能最大限度地获得光明和温暖。

紫禁城被分为前朝和后宫，以午门作为正门。不过真要算起来，其实紫禁城的范围还要更大些，从那两根矗立在天安门外金水桥前的华表开始，整座皇宫禁地便在其后铺陈绵延开去。

华表是帝王权威的显赫标志，有特殊的礼制意义。

华表的形制比较统一，都是蟠龙柱支撑着承露盘，上面蹲着一只名叫望天犼的瑞兽，这些祥瑞都不是普通百姓能够使用的。华表总是成对出现，如果你观察得够仔细,你会发现故宫有两对华表,但它们并不完全相同,最大的区别就是顶端的望天犼——天安门外的一对朝向宫外,天安门内的一对则面向宫内,方向正好相对。

朝向宫内的那一对名为"望君出",这是盼望君王不要耽溺于宫闱,而要踏出禁宫去了解民间疾苦;朝向宫外那一对则为"望君归",这是期待君王不要在宫外长久流连游乐,早早归来处理政事。

北京故宫博物院金水桥

劝诫之心实在良苦!

不论古代帝王是出还是归,要进入宫内都要先穿过华表后面的金水桥。桥一共有五道,与天安门的五个门洞对应,正中间那一道便是"御路",所以装饰最繁,桥面也最宽。越向旁边桥面越窄,当然允许通行的人地位也就越低。

再向后,便是天安门。

由于体量宏大敦实,天安门的建筑本身看上去并不让人觉得峻拔,反而显得沉稳厚重,只有等你走到门洞之下,方才能够感受到它其实是那样地巍然屹立,人在其下显得格外矮小微渺。

再向里面走,还要经过一片广场,才来到端门前。

在古代传说中,端门是天帝的南天门,走到端门前已经需要一点时间了,不过这里离天子的正殿还远着呢,根本没有"摸到门"。

端门再向里走,还要穿过一个

(靖艾犀 / FOTOE)

巨大的广场,方才来到一个"冂"字形的门楼前,门楼正中挂着一块牌匾,上书"午门",这才到了紫禁城的正门!

经过这一番漫长的穿行和等待,古代臣子走到这里,估计已经累得头低下了,连腿也软了下去。要知道,只要一过华表,可就不能骑马乘轿了!

我之所以不厌其烦地写这些外围的情貌,其实只想传达一种辛苦和不易的感受,而这才只是个开始,后面还有占地七十八万平方米的地域,号称有"九千九百九十九间半"的房间,光是听这个数字,你已经可以预见接下来的汗流浃背和气喘吁吁了。确实,紫禁城真算不上一个舒适的居所。

是的,紫禁城的本意,并不是提供舒适,而是传达等级和威严。

紫禁城里处处都是等级的标志。

先说颜色吧,众所周知,明黄色是皇帝的专用色。普通人如果不小心使用了这种颜色,便会被视为有不臣之心,搞不好还有掉脑袋的风险。所以也只有在紫禁城里,我们才会见到最多的明黄色。

几乎所有的宫殿屋顶上都铺着黄色的琉璃瓦，在蓝天之下粲然生光。大殿的宝座、屏风都是耀眼的黄，辉煌盛大。

这屋顶上讲究的可不只有颜色，屋顶的样式也要遵从严格的等级。

穿过午门和太和门，迎面便是整个紫禁城最壮丽辉煌的建筑太和殿，也就是百姓口中的"金銮宝殿"，是整个故宫建筑中体量最大、等级最高的建筑，这一点单从它的屋顶便可以知道。

太和殿的屋顶被称为庑殿顶，明清时期一般只有皇宫的主殿和佛寺正殿才能使用。如果使用了两层屋顶的"重檐"样式，那便是顶级配置了。

庑殿顶是一条横贯屋顶的大脊和四条垂脊，前后左右形成了四个坡面的屋檐，沉稳恢宏、气宇轩昂，稳稳地担起了皇家气派。

连屋顶上的脊兽也是最高等级的配制。正脊两端是高达3.4米的巨大龙吻，垂脊上则是一行十个小兽。垂脊兽由仙人骑凤领队，依次排开的是龙、凤、狮子、天马、海马、狻猊、狎鱼、獬豸、斗牛、行什，都是

垂脊上的十个神兽排得整整齐齐

传说中的祥瑞之兽。

除了这里，全国再没有第二处建筑可以享用这十位祥瑞"护体"的待遇了。

太和殿高 26.92 米，如果算上下面的台基，更是高达 35.05 米。这个高度，也就成了古代建筑高度的极限，无论任何建筑，都不许高过它去。任凭你是谁，也不敢比皇帝更有霸气吧！

这样气势磅礴的建筑也不是任何时候都可以使用的。只有遇到像皇帝登基、大婚、册立皇后、命将出征这样的大事,才能使用这座宏大的宫殿。清初的殿试,也就是皇帝亲自点状元的考试也在这里举行,"朝为田舍郎,暮登天子堂"说的就是这样的情形了。

当年那些等待皇帝亲试的进士一定是意气风发的吧。

不过,乾隆时期以后,殿试就改到了保和殿。太和殿后面接着的是中和殿和保和殿,大家习惯统称"三大殿"。过了保和殿,所谓的"外朝"便结束了。

过了外朝,便是内廷,这里是皇帝后妃们居住的地方。这是一条

太和殿前的铜鹤

(杜雪琼 / FOTOE)

格外严厉的分界线,一般人根本不可能进得去,而深宫幽居的后妃们,也不能随便出得来。

这里以"后三宫"开篇,分别是乾清宫、交泰殿、坤宁宫。

"乾清"与"坤宁"对应工整,一为皇帝为政的地方,一为皇后的寝宫。清代雍正帝另辟蹊径地把办公场所搬到了养心殿,从此乾清宫就有几分没落了。

后妃们所居的东西六宫便以这三宫为中轴向左右分布。说来可怜,每一个宫室都并不阔大,还要住着妃嫔侍女数人,想来都拥挤,加上头顶那一方小小的天空,这便是她们的全部空间。

当然,闲来无事的妃嫔们还需要些娱乐场所,所以在靠近故宫的尾部还有畅音阁等处,顾名思义,便是看戏听曲的地方。如果想要亲近自然,还有个小小的御花园殿后可供游乐。不过这个花园实在太小,春花秋月,在这里都显得那么拥挤。花园中还特别筑了一座假山,供帝王体验登高的雅意。

也就只有这里,满苑宫室中才见到了一点绿意。紫禁城里向来是不种树的,最主要的原因除了突出宫廷

御花园中的堆秀山　　　　　　　　　　　　　　　　（海峰/FOTOE）

威严，便是出于安全的考虑。

还有一种带点迷信色彩的说法是，紫禁城四四方方像是个"口"字，如果再种树就形成了一个"困"字，寓意不吉祥，所以不种树。

看了紫禁城，倒是想为古代帝王的生活叹一口气。想要放飞心情，几乎是不可能的，何况他们还要稳固自己的江山、庇佑天下的黎民，比普通人不知要繁忙劳碌多少倍。据说雍正帝平均一天批奏折将近一万字，

北京故宫乾清宫前江山社稷亭

这是何等的工作量啊。

正所谓欲戴皇冠，必承其重。

说到底，古代帝王也还是个肉体凡胎的人嘛，每天面对这种高压又无趣的生活，他们也要找点排遣的办法。

最好的办法就是投身艺术，搞收藏、搞创作，不亦乐乎。也因此，才能让我们看到今天充满珍玩宝藏的故宫。

想来着实难得，如此巨大的宫殿群落，竟然全部是木质结构，能够留存至今非常不易。你在故宫参观时会发现到处都摆放有巨大的铜鎏金的水缸，这是用来蓄水救火的，但许多建筑在历史中仍然遭遇过火灾。

也许你会问，为何统治者在建筑之时不用石头？这样既不怕水火，又足以对抗时光。

其中的缘由说来似乎有些复杂，也还没有什么确凿的定论，几方面原因听来都颇有道理：

一种是从建筑力学来解释，木结构建筑的建造更为便捷，样式也更丰富，相对而言可以造得更大，建成后的结构也更利于室内通风采光。

又说中国古代建筑又称为"土木",是因为五行相生相克以及天人合一等文化方面的原因。也有说中国哲学思想有注重现实不重永恒的传统,所以不会采用工期漫长动辄上百年的石头建筑。

还有很大的原因是材料问题,想要建造石质建筑,必须得有地理位置便捷的采石场和搬运手段,而北京并不具备这样的地理条件。如若非要修建石质建筑,无疑是劳民伤财,这对于皇帝的江山便是一层重大的威胁。

古代皇帝追求的只是江山永固,至于房子是木是石,能不能恒久流传,那就并没有什么要紧了。

天高地迥,盈虚有数,纵然皇帝的江山改朝换代,这恢宏的宫殿也一样平静地站在这里,一站就是六百年,并且还要一直站下去。

西周

石鼓文

黑石头礅上的秘密

电视纪录片《国家宝藏》的第一期第一集中，故宫推荐过三件国宝：乾隆各色釉大瓶、北宋山水长卷《千里江山图》和一套先秦石鼓。

后来经过一番推选，石鼓成功被选为故宫的国宝代表，入驻国宝特展，让人觉得有点难以理解。

论起代表性，瓷器和山水画都是中国传统艺术的大宗门类，而石鼓实在只能算是个小众偏门的另类文物。

论"颜值"更不用说，这套石鼓黑乎乎的，在姹紫嫣红的瓶瓷和青绿辉煌的山水画面前更要自惭形秽了。而且这套石鼓保存极不完好，许多石鼓上残损严重，远不如另外两件文物那样完美无缺、粲然如新。

可偏偏就是它！

难不成是因为它满肚子的"文化"？

是的，它的周身写满了字，准确地说是刻满了字。在纸还没有发明的时候，石头也是常见的书写材料。

这些石鼓上的文字也就成了我们中国目前所见最早的石刻文字。

单单凭这个"最早"，石鼓也就占得了先机。

石鼓上的文字是什么内容呢？

石鼓一共有十个，每一个上都刻有一首四言诗，十首诗有长有短，一共718个字。

这十个石鼓上的十首诗也没有编号，所以后世的学者也搞不清楚到底哪首在前哪首在后。于是专家们又

石鼓
西周
北京故宫博物院

花费了许多工夫进行考证,最后大致理出了一个顺序,当然也还未成定论。

总体来说,这些诗文所说的是君王出猎的事,不过没有明确指出来到底是哪位君王。所以专家们只能根据只言片语去寻找线索,有人认为是周王——周文王、周成王、周宣王中的一位;有人认为是秦王,不过众说纷纭,一共有十位秦王都成了"候选人",甚至还有人认为是秦始皇。

由于将石鼓断定为先秦的观点更加普遍,一般大家也就接受说是记述秦王游猎之事。

不过,学术研究讲究的是真凭实据,单凭"人多势众"可没有用,所以,除非出现的考古发现,可以作为明确的断代佐证,否则这个研究和争论还会一直持续下去。

因为石鼓上记述的是打猎的事,所以它们也被称为"猎碣"。

碣,就是圆顶的石碑。

要说起来,这十个石鼓能够从先秦时期完整地流传到现在,真是件极不容易的事。毕竟这十个不算太大的石头礅子,在两千多年的漫长岁月中是很难保全自己的,所以"兄弟失散"的情况也时常发生。

现在大家说起石鼓的流传,一般都从唐代说起,因为它于唐初贞观年间出土于现在的陕西凤翔,至于它在唐代以前是什么样的保存和流转状况,便不得而知了。

唐人很重视石鼓,所以它一经发现就被迁入凤翔孔庙,当时的许多著名学者和文人都对它进行了研究和题咏,其中就包括大名鼎鼎的杜甫、韦应物和韩愈。

唐末五代战乱期间,石鼓流散于民间,直到宋代安定下来,又费了几番周折,十个石鼓才又被当时的历史爱好者们收齐。只可怜其中一个曾流落于农家,被凿成了石臼和磨刀石,上面刻的字受损严重。

北宋末年,宋徽宗喜欢搜集古物,尤其喜好金石,于是命人把石鼓运到汴京,还把上面的字也嵌了金。

宋代考证过和赞美过它的人名头也相当大,比如欧阳修、苏轼、苏辙等人。

后来金兵南下攻入宋代的皇宫,他们看到这些石鼓被珍藏,便知道它们是宝贝,于是抢运回燕京,也就是如今的北京。可是金人根本不懂石鼓的价值,他们只爱上面嵌的金子，所以把金子刮掉后的石鼓便无人问津，又一次散佚了。倒是后来元人又把它们收集整齐，安置在国子监大成殿门口。

元明两代的大学者虞集、杨慎、顾炎武等，也对这一套宝贝进行了考证。

清乾隆五十五年（1790年），为更好地保护原鼓，乾隆皇帝下令仿刻了两套石鼓，一套放在了北京的国子监，一直到现在，这些仿制的石鼓还在那里。另一套放在承德避暑山庄。

抗日战争爆发后，为了防止国宝被日寇掠走，石鼓和故宫的许多其他珍贵文物一起南迁避难，直到抗战胜利后才被重新运回北京。

两千多年里，这十个石鼓的经历实在是颠沛坎坷啊。

现在你是不是明白这十个其貌不扬的石头礅子为何这样被珍视了？除了以"最早"抢占先机以外，更大的价值在于它真的很"好"。

石鼓最有价值的是上面刻的文字，除了这些文字所记录的事情可供后人研究历史之外，石鼓上文字本身的美感更让世人珍重。

石鼓上的字体叫作大篆，是介于商周时代铭铸在青铜器上的金文和秦统一后的小篆之间的一种字体。大篆的字形不太像我们现在熟悉的方块字，而是带着颇多的圆转，古意十足。见过它的历代文人，无不为它的堂皇大度、圆劲奔放所倾倒。

毕竟，贵重的石鼓不便传播临习，所以自从唐代集齐了十鼓以后，人们便对石鼓上的

石鼓文北宋拓片

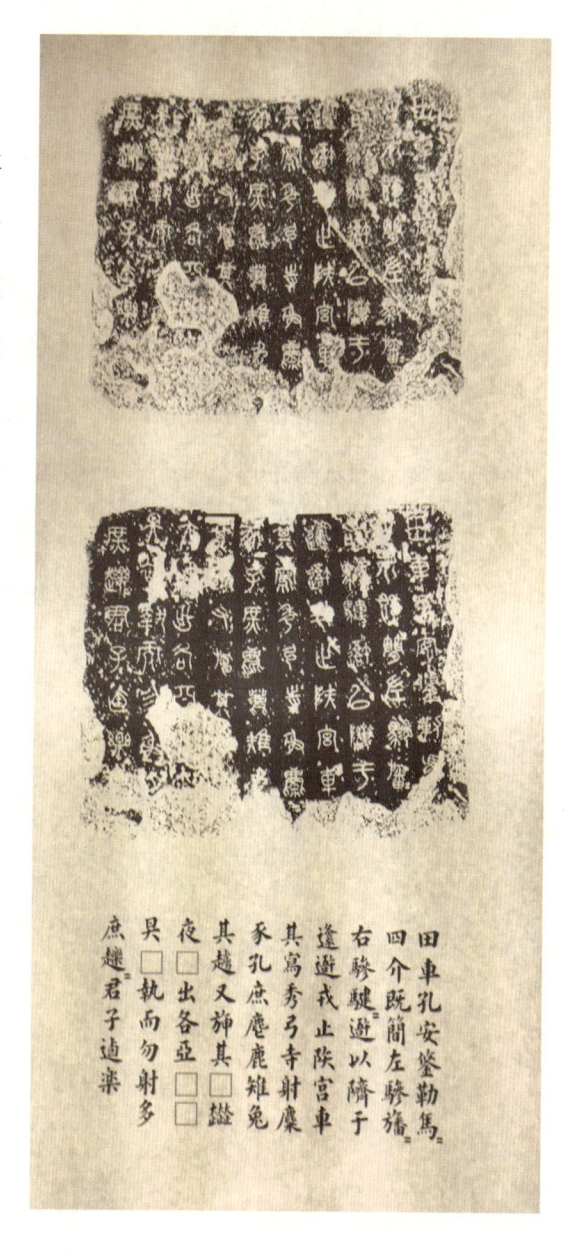

刻字进行了拓印，后来又有了宋代的拓本等，石鼓文的书法之美得以被更多的人欣赏、珍爱。

　　不过，在长年流散、拓印的过程当中，石鼓上的字迹残损严重，所以那些古代的拓本也就愈显珍贵了。

　　到了清代中期，金石学，也就是收集研究铜器铭文、碑刻等的学问兴起，石鼓文又成为文人学者热门的研究对象，尤其是上面古意劲拙的书法，更成为书法家们的"学习宝典"。许多书法家从石鼓文中汲取笔意，从而书艺大进，比如乾嘉年间的邓石如，晚清民国时的吴昌硕等。

战国

宴乐渔猎攻战纹图壶

一只上过历史课本的壶

对于战国时期的人来说，生活中的大事，不外乎这么几件：生产劳动、渔猎、打仗，当然还有娱乐。有这么一件青铜器便把战国时期的这些"大事"展现得清清楚楚。为了尽可能把这些事说明白，考古学家们就为它起了一个很长的名字：宴乐渔猎攻战纹图壶。不过，即便如此，这个名字里仍然漏掉了不少重要的内容。

这件铜壶不大，高 31.6 厘米，重 3.54 千克，想要在这么小的面积里把如此繁忙的场景表现得繁而不乱，甚至还带有特殊的韵律感，当年的工匠们真称得上是艺高人胆大。

整只壶上的图案从上到下横向分为三个部分，每部分中间以云纹带作为分隔线。

最上面是壶颈部分，表现的是采桑和射箭的场景。

采桑是古代女性的重要工作，所以坐在桑树上采桑的和树下运送桑叶的都是长裙婀娜的女性，让人不禁想起汉乐府《陌上桑》中的美人罗敷。

和婀娜的女性形成对比的则是强健的男性射箭的场景。画面上表现的射箭并不是实战场景，而是在举行射礼。最上面一层有一个巨大的箭靶子，上面插着的箭羽清晰可见。靶子前面站着姿势各异的人，有的人已经射中了鹄，有的人还在做准备。

壶肩至壶的上腹是第二部分，其中右边最吸引人的图案是姿态轻灵、种类各异的飞鸟。

最上面一层应该是大雁，它们排成队列向东飞去，引得最下面的猎手引弓搭箭。有两名猎手的箭一直延引到了大雁的身体上，古代工匠用这种方法直观地表示他们射中了。还有些飞鸟身上还延伸出特别长的曲线，回环往复，不知是不是代表它们飘忽不定的行踪，这样一来，画面就带有了一种神异的效果。不过也有学者认为，这箭上的线是生蚕丝，叫作"缴"，是为了在射中目标后方便收回箭。

除了天空中飞翔的鸟，还有些静立在架子上的鸟，它们下方刻着鱼，它们应该是水鸟。脖子和腿都细长的，看上去是鹭鸶一类的水鸟，而身形矮短、脚上还有蹼的，应该是鸭子和鹅。

从鱼和鸟的丰富程度来看，这些渔猎之人的收获应该很丰盛。

宴乐渔猎攻战纹图壶
战国
北京故宫博物院

宴乐渔猎攻战纹图壶 | 029

左边则是宴乐场景，同样被分为上下两层，事实上是为了表现室内外不同的空间。

上层是室内场景，很明显有一重场景，类似亭子的人物在亭子里饮酒观舞；下面一层则是由两只巨大的鸟撑起的一座乐器架子，上面是编钟和编磬，最右侧地上还有一架鼓。乐器架子后面还有几个很小的图案，仔细看来上面是两个鼎，有人正在炊煮，下面一个跽坐的人面前摆着案桌，这应该是贵族宴乐的场景，生动而具体地表现了一个成语——钟鸣鼎食。

第三部分，也就是最下面的场景就没有这么愉悦了，这里全部是战争的场面，有陆战，有水战，刀枪剑戟一齐上，攻城略地。水里还有泅水的战士混在鱼群中间，这是真正的两栖作战部队了。

不知为何铜壶上的图案要这样布局，或许最上面是在进行各种备战工作，采桑做战袍，射箭为演习；中间则是战前动员吧，吃饱喝足，精神抖擞开赴战场；到了最下面，才是真正的厮杀，打得天昏地暗。

家国乾坤，就这样被这一壶悉数收尽了。

东晋

兰亭序

天下第一行书

公元353年春,农历三月三上巳节这一天,有一群人在会稽山也就是现在浙江绍兴的兰渚山下的竹林水边聚会嬉游,这是当年春季最流行的活动,被称为修禊(xì)。

这群人年龄不等,有老有少,但都不是普通的百姓,而是当时最著名的一群雅士,或者说是东晋的超级名人。

做东的是当时的会稽内史王羲之,他带着自己的几个儿子献之、徽之、凝之,邀请当年隐居东山的大名士谢安,名冠当时的文人孙绰、李充、许询、支遁等人,组成了这场史上最著名的酒局。

他们喝酒的办法比较有趣,叫作曲水流觞,也就是聚会的人们坐在弯曲的渠流两侧,在渠内放上酒杯,杯里装满酒。当时的酒杯是底部比较宽平的漆木耳杯,也就是"觞",所以才在水里放得稳当。酒杯顺流而下,在哪一处停下,坐在那里的人便要举杯将酒一饮而尽。

这是古人别出心裁的风雅活动。

参加聚会的这些文人自然又比一般人更追求风雅,所以他们除了要喝酒还要赋诗。

赋诗可容不得你多想,只要杯子停到面前,必须立即出口成章，如果作不出来，便要罚酒三杯，诗才略弱一点的，可能就只有被罚的份了。

不过在座诸位文才一流，四十二个人一共创作了三十七首诗，其中有人创作了两首，有人一首也没创作出来，我猜也说不定是这几位想多喝几杯，故意的吧。

由于这场聚会的地方有一个名为"兰亭"的亭子，所以这次集会也就被称为"兰亭修禊"，他们所作的这些诗也就都称为"兰亭诗"。

如果这场聚会就这么结束了，历史上一定不会有任何记录，我们自然也不可能知道得这么详细，它之所以在历史上留下记载，是因为作为东道主的王羲之在微醺之后，还做了另外一件事。

酒酣之际，他提起了笔，为这三十七首诗写了一篇序。按照当时的规矩，大多文人雅集时所作的诗最后都要结集起来，所以王羲之作为这场酒局的"牵头人"，为诗集作序也算是分内的例行公事。

此时的一切都刚刚好。

酒喝到微醺，刚刚好；诗兴正浓，刚刚好；又刚好逢得天朗气清、惠风和畅，于是仰观俯察，游目骋怀，

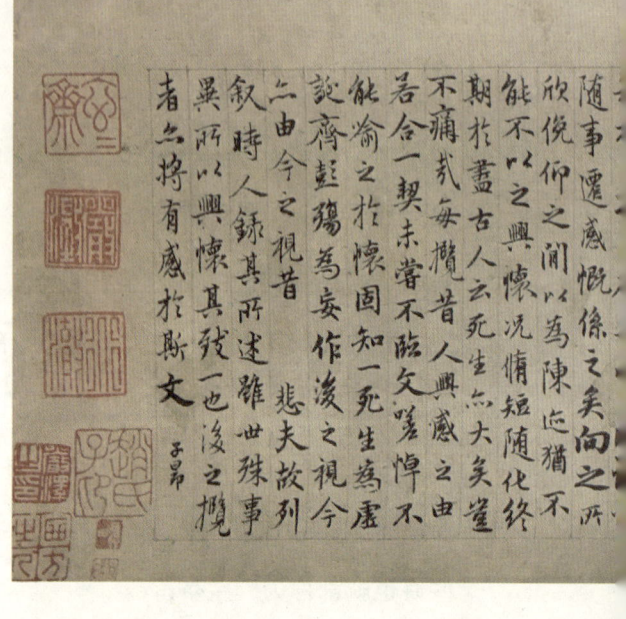

赵孟頫摹本《兰亭序》，元，北京故宫博物院

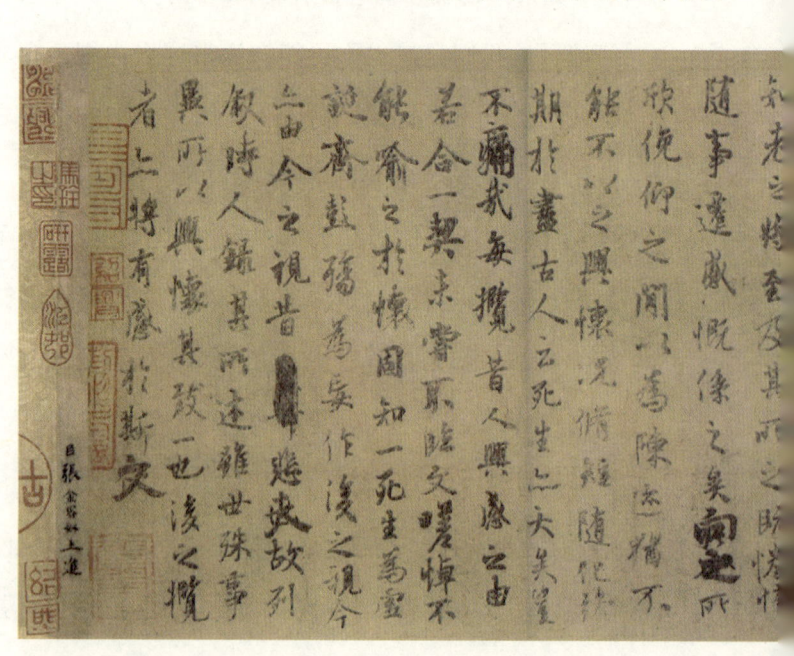

虞世南摹本《兰亭序》，唐，北京故宫博物院

永和九年歲在癸丑暮春之初會于會稽山陰之蘭亭脩禊事也羣賢畢至少長咸集此地有峻領茂林脩竹又有清流激湍暎帶左右引以為流觴曲水列坐其次雖無絲竹管弦之盛一觴一詠亦足以暢敘幽情是日也天朗氣清惠風和暢仰觀宇宙之大俯察品類之盛所以遊目騁懷足以極視聽之娛信可樂也夫人之相與俯仰一世或取諸懷抱悟言一室之內或因寄所託放浪形骸之外雖

永和九年歲在癸丑暮春之初會于會稽山陰之蘭亭脩禊事也羣賢畢至少長咸集此地有峻領茂林脩竹又有清流激湍暎帶左右引以為流觴曲水列坐其次雖無絲竹管弦之盛一觴一詠亦足以暢敘幽情是日也天朗氣清惠風和暢仰觀宇宙之大俯察品類之盛所以遊目騁懷足以極視聽之娛信可樂也夫人之相與俯仰一世或取諸懷抱悟言一室之內或因寄所託放浪形骸之外雖趣舍萬殊靜躁不同當其次

研墨备纸，一挥而就。

酣畅淋漓，落墨成篇，成就了这件史上最著名的书法作品——《兰亭序》。

普通的形容词是很难配得上这件惊绝世人的作品了，还是《晋书·王羲之传》的赞美最合适——飘若浮云，矫若惊龙。

这八个字确实是抓住了这件书法作品的神韵，于是人们后来也就索性将这八个字用作形容王羲之书法的"套话"。

后世学书者把王羲之这篇序文誉为"天下第一行书"，可以想见大家多么为之倾倒，为了王羲之竟不惜得罪全天下的所有书法大家。自然，这"第一"也确实得是精彩得超群绝伦、一骑绝尘，才让"粉丝们"有这样的底气啊！

既然是"天下第一行书"，这"第一"必不只在于它的气韵之妙。

对于这"第一"，学者们还提出另一套说法，是关于书法创作技法的。

中国书法有八种基本用笔法则，即我们现在所说的：点、横、竖、钩、提、长撇、短撇、捺，对应古代称为：侧、勒、弩、趯（tì）、策、掠、啄、磔，有一个字恰好包含了这八种笔法，也就包罗着我们书法的全部奥秘。

而这个字，正是《兰亭序》的第一个字——"永"字，于是有人说这永字八法，便是王羲之的发明。后来人们也用"永字八法"代称中国书法的技法。

把"永字八法"的创造者认定为王羲之当然并没有什么依据，只不过这篇《兰亭序》实在高妙无伦，大家也就愿意把一切美好的故事都加诸其身。

再来看王羲之本人吧。

想来他在创作的时候根本没有料到这件作品会成为"史上第一"，他当时已经浑然忘我，情之所至甚至来不及细想，所以上面便留下了添字、涂抹的修改痕迹，据说后来王羲之又想把它重新抄录，但写了无数次，却无论如何再也写不出当时那样的效果了。

这种从天而降的即兴与忘我，即使是王羲之这样的书法巨家，也可遇而不可求啊。

这件连书法家自己也无法复制的惊世之作自产生

冯承素摹本《兰亭序》，唐，北京故宫博物院

起，便被人们视为至宝，王羲之的后人一直悉心保护，代代相传，传到第七代孙智永和尚手里时，已经是唐初了。

唐太宗李世民酷爱书法，他惦记上了这件神作，无奈强取不得，只好大费周章，派大臣萧翼假意亲近，从智永的弟子辩才和尚手中骗取了兰亭真迹，这就是历史上著名的"萧翼赚兰亭"的故事。

虽然是出于钟爱"二王"作品（王羲之和他的儿子

王献之）的雅好，但这样狡猾的用心还是让人不齿。

得到兰亭真迹的唐太宗格外高兴，推颂《兰亭序》为"尽善尽美"之作。他还召集当时的书法家共赏至宝并悉心临摹，褚遂良、欧阳询、虞世南等初唐名家便留下了他们各具特色的摹本。

这样不世出的奇珍一本当然不够用，唐太宗于是又召集了宫中专门从事拓书的匠人复制了数个摹本分赐给皇子近臣们。

在临摹者当中有一位高手名叫冯承素，他用的是"双勾填墨"的方法。顾名思义，这种方法先勾出字的轮廓再在中间填上墨，这样最能保留真迹的布局、线条和结体，也就是最接近真本的"形"，至于"神"，连王羲之自己都不能复制，我们就不能要求更多了吧。

唐太宗因为实在太喜爱这帖行书，或者更确切地说是占有欲太强、太自私，于是他把兰亭真迹装进玉匣，和他自己一起永葬昭陵，从此"天下第一行书"再也未见天日。

现在，我们只能靠无数摹本，想象真迹的绝世风采了。

由于真迹不再，摹本也就更显价值，后世的无数书法家极少有没临过《兰亭序》的，他们也正是从这些摹本中汲取笔意，力追古人。

于是，我们现在也就可以看到元代的赵孟頫、明代的文徵明等历代大书法家，留下的那些独具个人特色的《兰亭序》。

到了乾隆年间，这位附庸风雅的艺术发烧友皇帝一直对《兰亭序》心心念念，无奈实在得不到真迹。于是，他把收集到的唐代虞世南、褚遂良、冯承素的摹本，唐代柳公权所书的《兰亭诗》并后序、明代董其昌临柳公权的《兰亭诗》、戏鸿堂刻的柳公权《兰亭诗》原本六帖，乾隆时期的大学士于敏中补柳公权刻本，再加上乾隆自己御笔亲临的董其昌仿诗，一共八帖合在一起，每帖刻了一根柱子，一共八根柱子立在圆明园的坐石临流亭里，称为"兰亭八柱"。

乾隆皇帝不止临过一次《兰亭序》，不仅留下了长卷，还有册页，只可惜，他的作品是临本的临本，本身的书法水平又很有限，所以离真迹相去就不可以道里计了。

兰亭集会除了留下这件作品被后人不断模仿，连这一段雅事本身也成为后世文人追慕的对象，人们还不断想象这一次"兰亭修禊"的场景，将它作为一个画题，创作出不少名作。

其实，还有一点我们一直没有说，就是这篇序言本身，辞章炳烺，文采焕然，和这件书法一样。

最后，我们不妨在春日里朗声诵读：

永和九年，岁在癸丑，暮春之初，会于会

稽山阴之兰亭，修禊事也。群贤毕至，少长咸集。此地有崇山峻岭，茂林修竹，又有清流激湍，映带左右，引以为流觞曲水，列坐其次。虽无丝竹管弦之盛，一觞一咏，亦足以畅叙幽情。是日也，天朗气清，惠风和畅。仰观宇宙之大，俯察品类之盛，所以游目骋怀，足以极视听之娱，信可乐也。

夫人之相与，俯仰一世。或取诸怀抱，悟言一室之内；或因寄所托，放浪形骸之外。虽趣舍万殊，静躁不同，当其欣于所遇，暂得于己，快然自足，不知老之将至；及其所之既倦，情随事迁，感慨系之矣。向之所欣，俯仰之间，已为陈迹，犹不能不以之兴怀，况修短随化，终期于尽！古人云："死生亦大矣。"岂不痛哉！每览昔人兴感之由，若合一契，未尝不临文嗟悼，不能喻之于怀。固知一死生为虚诞，齐彭殇为妄作。后之视今，亦犹今之视昔，悲夫！故列叙时人，录其所述，虽世殊事异，所以兴怀，其致一也。后之览者，亦将有感于斯文。

唐

步辇图

一次改变历史的会见

唐代国力强盛，八方来朝，外交大事自然比较多。阎立本的工笔重彩人物画《步辇图》，便记录了一件特别著名的大事。

唐太宗贞观十四年，也就是公元 640 年，当时的吐蕃王松赞干布因为仰慕大唐的威仪，想要与大唐交好，于是派使者禄东赞来到长安，觐见唐太宗并请求与大唐通婚。

其实，这已经不是吐蕃王松赞干布第一次和大唐打交道了。在此次派使臣之前，他已两次派使者向大唐求过婚，只是都未能如愿，后来他带兵二十万进攻唐蕃边境，又被击退，这一次，他是真心拜服了，诚心要与大唐交好。

松赞干布确实不是等闲之辈，他统一了吐蕃，也就是现在青海西藏一带，建立了封建王朝，并且对吐蕃的政治、军事、经济、文化等进行了大举改革，国力由此大增。松赞干布想要与大唐交好，也正是为了促进国力。

所以，为了圆满完成这次有关国运的重要外交任务，松赞干布就得派个能堪大任的人才。最后，他选定了吐蕃最机智的外交官禄东赞前来，看来这一回，他是志在必得了。

《步辇图》画面记录的正是禄东赞觐见唐太宗的情形。

画面分为左右两部分，唐太宗在右侧，他是画面绝对的主角。

唐太宗所坐的就是"步辇"。辇就是车的意思，因为被撤去了轮子，所以原本由马拉的车就只能由人抬，称为步辇。

除了抬辇的宫女，唐太宗两侧还有宫女打着屏风扇和伞盖仪仗，可见这次会面并不是私下随便的见面。

作为主角，唐太宗的形象明显比画面上其他人大出许多，虽然这并不太符合自然规律，却很合乎当时绘画的逻辑。

为了突出重要人物，画家常常会把他们画得比常人高大，在画面中的位置也更加突出、醒目，这是艺术创作当中的一贯手法。

画面上的唐太宗神情庄重，目光深邃凝定，表情平和却自有威严，尽显大国天子的风范。

再来看左侧的三个人物。

从形象上看，很容易分辨出中间那位就是禄东赞。他的发型、装束以及服饰纹样、腰间所佩的饰物与中原打扮明显不同。站在最前穿红袍的是大唐的典礼官，最后那位穿白衣的是翻译。

这次见面，禄东赞的神情和姿势在恭敬之余显得略有点拘谨，眉头还微皱着，心中似乎颇不平静。

阎立本《步辇图》
唐
北京故宫博物院

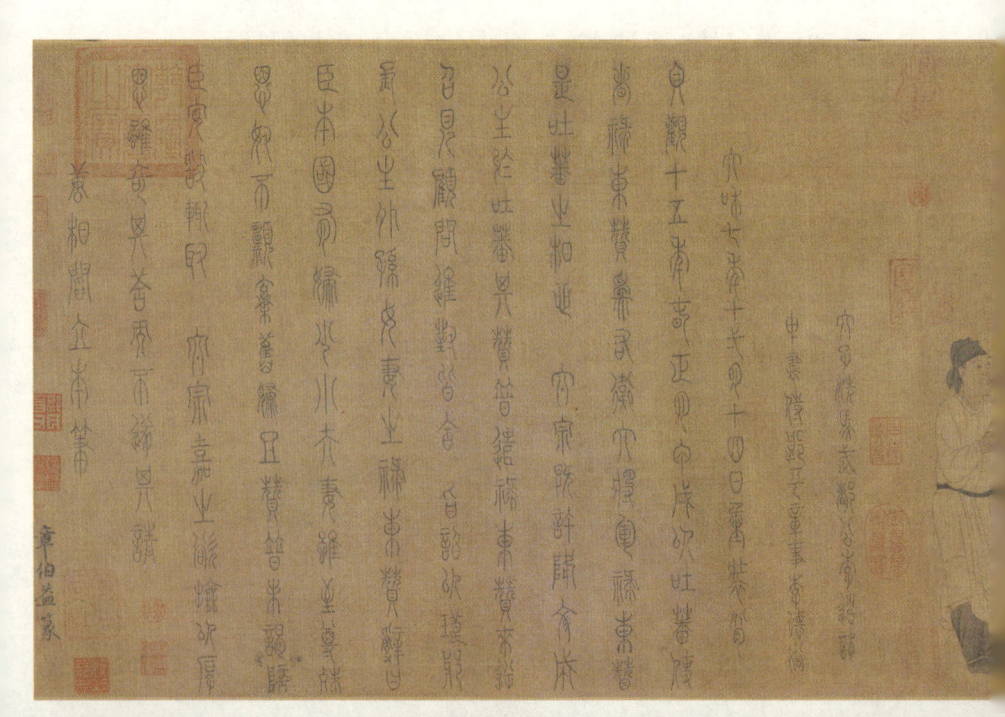

在当时，想与大唐和亲的蕃国不只吐蕃，共有五个蕃国派来了求亲大使，据说唐太宗便出题考验这些使臣。

不得不说，这些题目确实很刁钻，没有急智是很难解决的。

第一题唐太宗要求把一根丝线穿进翠玉弯弯曲曲的细孔里。禄东赞把丝线系在蚂蚁身上，然后在孔的一边放上蜜糖，蚂蚁循着甜香便带着丝线爬过了弯曲的

孔洞。

第二题唐太宗要求每个使团在一天之内吃完五百只羊，并将羊皮鞣成皮革。禄东赞命手下把羊杀了剥下皮，再让使团排队传递羊肉，边吃肉边喝酒。吃完羊肉后，禄东赞又让人把羊皮从队首传到队尾，再传回来。经过数百人的手揉搓，羊皮轻松被搓揉成了皮革。

第三题是把一百匹母马和一百匹马驹混杂在一起，要求把它们分成一对对的母子。禄东赞把母马和马驹分别拴在不同的地方，不给小马吃喝。到了第二天，他把小马放入母马群里，小马各自寻找母亲吃奶，一下子就分清楚了。

第四题是辨认木材的根与梢。禄东赞二话不说把它们投入河中，并指出下沉的一端是根，上浮的就是梢。

这些题目都难不住禄东赞，于是太宗放了最后的大招——辨认公主。

太宗让文成公主混在五百名宫女当中，并且都盖头遮面，让禄东赞找出真正的公主。他事先了解到文成公主喜欢用一种特别的香料，便在辨认之时带着一只蜜蜂，果然蜜蜂被文成公主身上的香味吸引。难题又被轻松化解了。

既然连使臣都这样机智，国王当然更不用说了。太宗很满意，高高兴兴地送文成公主入了藏！

消息传到吐蕃，松赞干布深感荣幸，亲自率领迎亲队伍从拉萨出发到青海迎接公主。

为了表达与大唐世代交好的愿望和决心，松赞干布特立一碑，现位于西藏的大昭寺门口，这就是著名的《唐蕃会盟碑》。

松赞干布履行了他的誓言，他说要为公主建造一座城作为纪念，让子孙万代都与上国大唐永远交好，这座城便是现在的布达拉宫。

文成公主入藏后很受爱戴，她带去的文化和技术大大促进了吐蕃经济与文化的发展。大批吐蕃的贵族子弟被派往长安学习，在这种融洽交流之下，长安城的女性当中还一度风行过两颊通红的"吐蕃妆"，其实就是模仿吐蕃人特有的"高原红"。

对于画面表现的场景，也有学者提出了新的考据，认为这并不是禄东赞代松赞干布求亲的场景，而是禄东赞被册封的场景。由于禄东赞在求亲中表现出色，

布达拉宫

唐太宗要册封禄东赞为右卫大将军。

不管是什么场景,这都是关于唐蕃交往的历史风云。

虽然这幅画背后的历史宏大,但画面本身的尺寸却并不算大,高只有 38.5 厘米,当然这也是受限于当时绢帛的尺寸。

阎立本能够通过细节将不同人物的地位、性格、神情都画得各具特色，实在是手法高明，因此《步辇图》也成为了中国美术史上最重要的人物画作品之一。

不过，对于阎立本来说，这或许并不值得骄傲。

阎立本在唐代官至右丞相，我们总以为他就是个著名画家，这实在是小看了他，而且据史所载他本人也

唐蕃会盟碑文，这是一次伟大和亲的见证。

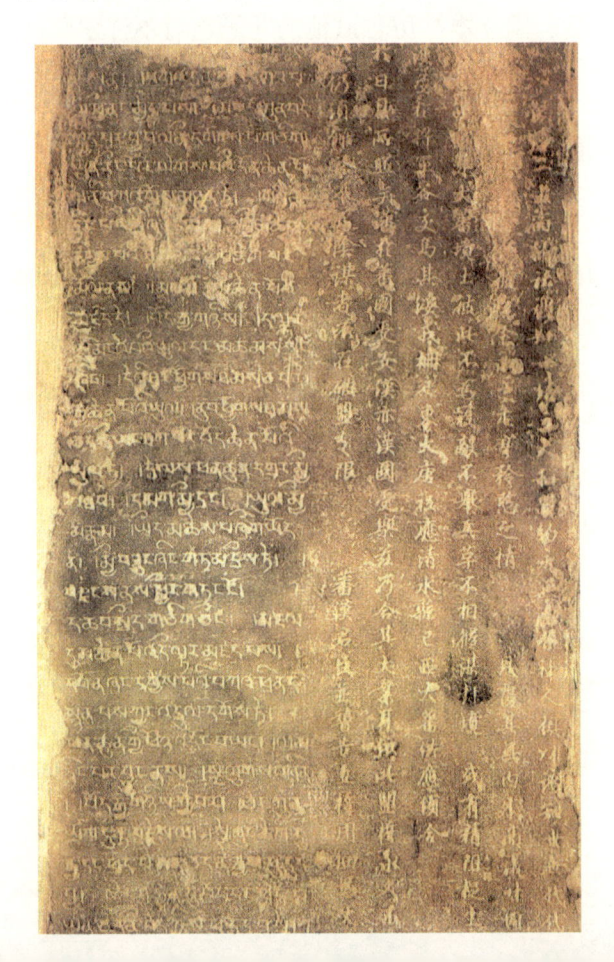

（文化传播 / FOTOE）

相当不愿意画画。

据说有一次唐太宗和侍臣们游玩赏景，看到水池中有奇异的鸟，于是便命宫人立刻宣召阎立本前来将鸟画下来。奉召前来的阎立本一路上赶得大汗淋漓，加上室外没有画案，他只能俯身趴在池边画，因此便深感羞耻。

事后，阎立本严厉告诫他的儿子绝对不许学画画，因为这种技艺让他像奴仆一样侍奉他人，实在毫无尊严，只能自取其辱。

纵然万般不情愿，阎立本到底还是因为画技高妙而被历史记住了，这也从侧面又一次说明了艺术的永恒。

据记载，阎立本另有一套作品更加著名，就是《凌烟阁二十四功臣图》。

当时，唐太宗为了褒彰长孙无忌、魏徵、尉迟敬德等开国元勋，特地亲自作赞，并让大书法家褚遂良题写，由阎立本绘制。这套作品汇集了初唐时期文学、书法和绘画的最高成就，因而被称为"三绝"。

但可惜的是后来因为战火，凌烟阁被毁，三绝也由此灰飞烟灭，我们现在也只能凭借想象去缅怀当年的精彩了。

晚唐诗人李贺有一组诗名为《南园十三首》，其中的第五首最为著名：

男儿何不带吴钩，收取关山五十州。
请君暂上凌烟阁，若个书生万户侯？

诗中的凌烟阁，指的正是这处存放了二十四功臣像的地方，它是唐代雄风的象征。

唐

五牛图

农耕文明的「吉祥物」

农耕文明是中华文明发展的一条重要主线，人们自然格外重视与农耕相关的各种事物，比如牛。古代的人们也喜爱牛，看看与牛相关的词语，似乎也没有特别不好的，就连现在我们形容一个人实力强，也喜欢说他很"牛"。那么，一幅全是牛的绘画，那就是真正的"牛"画了。

《五牛图》，就是这么一幅"牛气冲天"的作品。

这是唐代画家韩滉所绘的一幅手卷，画面上是五头神貌各异的健壮耕牛。展开画卷，牛儿们从右向左缓缓行进，像是一天的农活干完了，正悠悠地在晚霞里踱着步，向着炊烟升起的方向走回去，让人看了心里舒缓又踏实。

五头牛都是中国北方农村常见的黄牛，皮毛的颜色多样，昂首走在最前面的那一头最是老成持重。唯有它戴着鼻环，环上的红辔（pèi）头像是为它披挂的冠冕，显出王者之风。

后面的牛就像是它率领的部众了。

接下来的那头黄牛舌头轻轻吐出来，让人觉出了它的一丝调皮。它边走边掉过头来，大概是后面的那头牛没有跟上来,它正在催促吧。

第三头比较特别,正面朝向观众站定,不知为何,这头壮硕的黑牛让人觉得它很有点撒娇的意思,似乎不夸它几句它便不肯走。这样独特的视角在中国画中也极为少见,更显出了特别的妙趣。

第四头是黑白花斑牛,一身花纹就显得活泼了许多,再加上它活泼的神情,想来它心情应该很好,所以脚步显得很轻快。它的头仰得高高的,鼻孔张开着,不知嗅到了什么气息,或许是田间地头的麦香吧?

第五头牛走在最后,一边走一边在路边的荆棘上蹭痒,大概就是因为这样心不在焉才落到了最后吧。看它弯弯的眼睛和牛角,一定相当享受。

如果不是画家对牛深入观察,哪里能够把它们画得这样神气活现、富于情感呢。

不过,要说起韩滉的身份,你大概会有点意外。

韩滉并不是农民,甚至从来没有在农村生活过,他出身唐代贵胄,做官做到尚书右丞,后来被封晋国公。他曾经当过户部侍郎管理各地财税,又当过各地刺史、节度使等。所以他虽然并非出身农家,但却很有作为、体察民情、大兴农桑，政声相当不错。可见韩滉对于农村是相当熟悉的，所以对农民最重要的工作伙伴——耕牛，也就熟悉之至并且饱含深情了。

据史料记载，韩滉喜爱画农家风俗，尤其擅长画牛，在当时就相当有名，所以这幅画一直就极受众人推崇。

《五牛图》原先是没有名字的，直到北宋末年宋徽宗在画末题了"唐韩滉五牛图真迹"，它才有了正式的名字。

不过，这一段御题后来被裁去，名字也就不见了。

公元1127年，发生了导致北宋灭亡的历史事件"靖康之乱"，康王赵构为了躲避女真人的追击，辗转将都城南迁到临安，也就是现在的杭州。这件作品当时被赵构带在身边一起到了临安。宋亡以后，此作流散于民间，到了元代便落到当时的大画家赵孟頫手里。

赵孟頫极为欣赏这件作品，于是题赞其为"神气磊落，稀世名笔"，现在画的"拖尾"，也就是画卷末端装裱留出的空白，还留了赵孟頫的三段题跋。

题第三段的时候有一段文字是"此图仆旧藏，不知

韩滉《五牛图》
唐
北京故宫博物院

何时归太子书房",可见这幅画也是几经辗转了。至于为什么他自己没有保护好这件珍品,赵孟頫倒是没明说。

到了明朝,这幅画被浙江嘉兴的收藏大家项元汴得到,但明末清初的战乱让它又去向不明。

到了清代乾隆年间,宫廷在民间广搜珍宝,《五牛图》被从民间送入宫中,呈到了乾隆面前。清宫里的岁月还算安稳,但是好景不长,1900年八国联军入侵北京,《五牛图》遭盗抢后被就地抛售,当时香港汇丰银行的老板将它买下。

新中国成立后,传出《五牛图》即将在香港被拍卖的消息,当时开价十万港元。周恩来总理知悉此事后,立即批示文化部派专家赴港鉴定,确认是真迹无疑后,又经过多次交涉,最终以六万港元购下,并由专人护

送，此画最终复归故宫。

《五牛图》回家之时污垢遍布，伤痕无数，又经过几年的清洗、揭裱、修缮等细致艰难的工作，才以崭新的姿态与我们见面。

现在，大家对这幅画的赞美和珍视除了因为它的水准高，更多在于它的年代久远难得，并且作为中国人，天然对"牛"有一种亲近喜爱的成分。也正因如此，相比于其他动物绘画，这幅画的"隐喻"和"意义"也总是被拿来不断地分析、解读。

有专家考证，韩滉家里一共有五兄弟，所以五头牛恰好是喻指他们五兄弟能像牛一样任劳任怨地效忠于君王。

还有学者认为这幅画中潜藏着唐代的时局密码。

唐朝后期，以牛僧孺为首领的"牛党"和以李德裕为首领的"李党"互相倾轧、争夺权力,前后持续将近四十年,历史上把这次朋党之争称为"牛李党争"。所以有学者因此认为《五牛图》正代表着"牛党"首脑牛僧孺在唐代的政治浮沉。

第一头牛红缨络脑稳健激进,这是牛僧孺高中进士后初入朝廷;第二头牛依然昂首表示他被提拔;第三头正视观众,表示他在唐文宗时再度入相,睥睨天下,但牛为灰黑色,意指牛僧孺专权,唐王朝失色;第四头牛呈退让状,表示李德裕得势,牛僧孺无奈退让;第五头牛头低了下来,表明此时牛僧孺一派的权力衰微……

还有各种细节,也都被拿来与当时唐代的政局一一联系附会。

由于没什么实据,所以这种说法显得过于主观,显然是有些过度阐释了。不过历史上也确实有些作品含义隐晦,不在笔缝间寻找,便难以领悟作者的深意。

作品越重要,围绕它的争论也就越多,这也是艺术史上的正常现象。

韩熙载夜宴图

五代

热闹的宴会上,主人为什么落落寡欢?

顾闳中《韩熙载夜宴图》
五代
北京故宫博物院

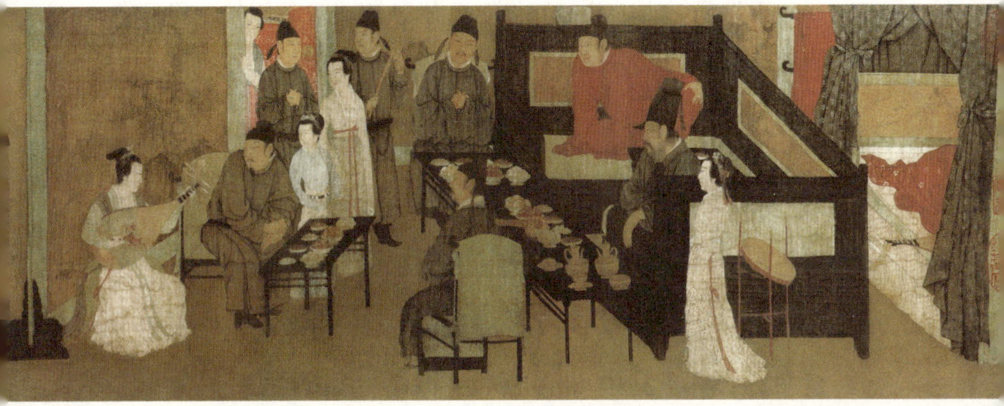

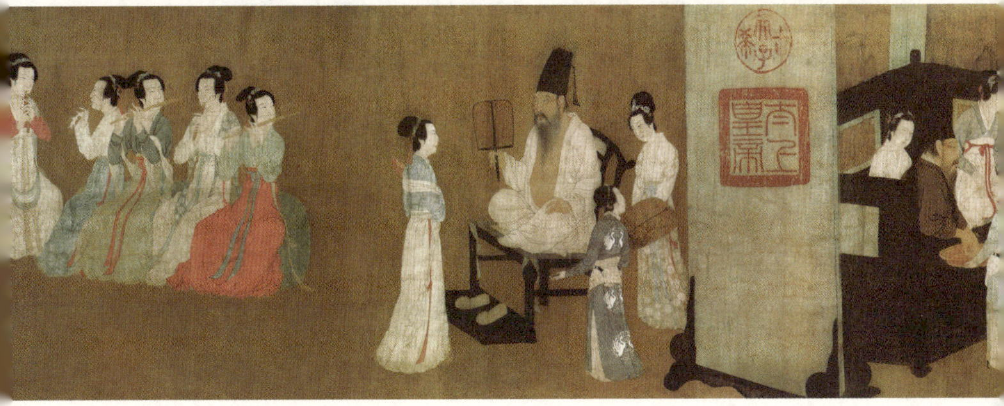

提到描绘古人宴请宾客、游乐畅饮的绘画作品，怕是再没有哪幅画比《韩熙载夜宴图》更准确细致了。

这件作品长约 335 厘米，记录的正是五代时期南唐的名臣韩熙载夜晚在家中设宴游艺的场景。画面中那位头戴高冠、长髯飘飘的老者，正是韩熙载。

或许你会觉得奇怪，画面中这个老者的形象出现了许多次，还有许多人物形象也同样是重复的，难道他们有"分身术"？其实，这是古代故事长卷的惯用表现手法，一幅长卷相当于一套连环画，记录了一场夜宴的全部过程，讲述了情节的转换和发展，高潮和尾声。

作品开篇，一场繁华的夜宴伴着乐声从右往左徐徐在我们眼前展开。

画面安排得特别巧妙，从一架床榻开始，粗重的黑框架合围起来，顿时让整个空间变得密闭而紧凑，也让人觉得心安。

有酒有乐才称得上是高规格的宴会，所以画面第一段的重点就是聆听琵琶。

画面中所有人的目光都聚焦在弹奏琵琶的女子身上，准确地说，都聚焦在她的指尖上。轻拢慢捻抹复

听乐

挑，说的正是演奏者此刻手指行云流水的状态。

这位女子可不是泛泛之辈，她是教坊副使李佳明的妹妹，她的哥哥正坐在旁边侧头望向她呢。

画面中有两位男子双手叠在一起，还有一位手拿着一根短棍，都在做击节状，也就是打拍子。

在这些正襟危坐的人中，有两位与众不同。他们的座位也有些特殊，两人都坐在榻上，可见地位也格外显赫。

宴会的主人韩熙载自然是应该坐在榻上的，他盘膝而坐，背略有点塌，并不是精神抖擞的样子；另一位红衣青年的坐姿极为放松，完全没有个正形。他前面还放着一个食案，可见他连饭食都是在榻上吃的。

这位红衣青年正是新科状元郎粲，难怪这般春风满面、形迹放浪了，这一身大红袍更为他增添了许多的得色。

光有音乐是不够的，还得有舞蹈，所以一架屏风巧妙地转换了场景，转向了夜宴的第二个节目：击鼓观舞。

此刻韩熙载的兴致显然比刚才听乐时高了许多，他甚至亲自下场来击鼓，为舞者王屋山伴奏。

王屋山的两边还有一个舞伎和一个乐工打着节拍，他们二人的动作与她身体的摆动以及韩熙载击鼓的动作都有一个巧妙的呼应，让人能够感受到节拍的齐整铿锵。

状元郎粲半倚在高背椅上，还是那样闲适惬意的样子。

歌也唱罢了，舞也跳累了，大家于是中场小歇片刻，王屋山端来水给韩熙载净手。

那座青绿的屏风上，有两个巨大的红色鉴赏印章，分别是"古希天子"和"太上皇帝"，这是乾隆皇帝的收藏鉴赏钤印。这两枚印章的出现在视觉上切断了画面的流畅，实在是令人扼腕。

屏风后面，宴会重新开始。画面也转向了第四部分，画中的人们正在聆听清吹合奏。

韩熙载的神情也放松下来，他褪掉了外袍，只穿着里衣，袒胸露腹地轻摇扇子，五位乐伎坐成一排笛箫和鸣，悠长清润的乐曲缠绕着她们婀娜的体态。

还是一座屏风，把画面引向了最后一段。

韩熙载重新穿戴整齐，以全送客之礼。他的手上还拿着一对鼓槌，也不知是还要再掀高潮，还是在说曲终人散，鼓槌也就要收起来了。

观舞

暂歇

不得不说,画家捕捉细节的能力确实过人,这一场夜宴的每一个细节都没有逃过他的眼睛。

真是个合格的"间谍"!

画家顾闳中的确是皇帝派去的"间谍",暗中观察记录韩熙载的一举一动。

唐末大乱,分裂成北方的五代和南方的十国。韩熙载本是北方贵族,因为避祸而南迁,被南唐朝廷留用,官位也越来越高,此时后主李煜想拜他为相。

不过,此时南唐的国势衰落,韩熙载深知败局难以扭转,因此不想出任宰相,但又担心皇帝猜忌他有异心,于是决心想办法"避祸"。

于是他有意做出放浪形骸、纵情声色的狂态,让皇帝认为他不堪大用,也胸无大志。

当李煜耳闻了韩熙载的种种"劣迹",便派了顾闳中充当间谍,找个理由参加韩熙载举办的夜宴,去暗中观察记录韩熙载的生活作风,于是才有了这幅画。

我们此时再看画面,或许便能体察到韩熙载的真心。

你看画中的韩熙载,无论是听曲还是击鼓,眉头就没有展开过。他心中的抑郁和悲苦,还是被高明的画家捕捉得细致入微。

只是当作品呈给皇帝李煜时,不知他有没有读懂韩熙载眉眼之间的那一层含义。

清吹

散宴

还好，韩熙载最后得以善终。

不过皇帝李煜的结局却令人唏嘘。

他就是那个写"春花秋月何时了"的皇帝。不久以后，北宋灭南唐，李煜也成了阶下囚，只能夜夜在梦中重归故国。

雕栏玉砌应犹在，只是此时他早已改换了朱颜，以泪洗面。

即便他早已读透了韩熙载夜夜笙歌的用意，也已经来不及了。

这一抹浓艳的重彩染成的繁华背后，我们只听到一个人的叹息，看到一个王朝的黄昏落日。

五代
写生珍禽图卷

最早的花鸟画教科书

花鸟画是中国传统绘画中的一大门类，最开始的时候，花鸟是作为人物故事画的点缀；到了唐代，花鸟画才真正作为独立的绘画题材丰富并成熟起来，画史上有记载的花鸟画高手就有二十多人。不过，唐代的花鸟画主要是作为屏风的装饰，以及壁画的题材。

到了宋代，得益于皇家画院大力提倡，花鸟画在数量上占据了绝对优势，在质量上也迎来了它的巅峰。

花鸟画大体可以分为两派，一派是走野逸路子的，不仅画法上偏重水墨不施重彩，题材的选择也颇显野趣，多是"汀花野竹、水鸟渊鱼"，也就是山野间寻常的动植物；另一派走的则是富贵路线，技法上通常采用工笔重彩，层层点染出奇花怪石、珍禽异鸟，这些自然是显现的皇家气派了。

我们所称道的宋代花鸟，大多是富贵一路的，尤其是皇帝画家宋徽宗的作品，更是富贵到了极致。

五代的画家黄筌对这种富贵风格的形成起到了决定性影响。

五代十国时期战乱频仍，所以相对安宁的后蜀便成为许多画家的栖身地。生于此地的黄筌在少年时有

黄筌《写生珍禽图》
五代
北京故宫博物院

幸得到了不少名家的指点，十七岁时因为画技出众而被招入后蜀宫中，供职画院，一直到蜀后降宋，长达四十年。

后蜀灭亡后，黄筌又来到北宋京城汴梁，高寿的他直到八十多岁才去世，所以他的绘画风格对后世花鸟画的影响也就特别大。

黄筌是个全能型画家，山水、人物、佛道样样出色，花鸟更是精通。

据记载，后蜀时，他曾在宫殿墙壁上画过六只不同姿态的仙鹤，以假乱真的仙鹤壁画吸引了真的仙鹤到壁前起舞；又有一次，他在殿壁上画了雉鸡，引得皇帝行猎的白鹰向壁扑啄。

这样的故事大概还不少，可惜这些真迹都没留下，我们只能发挥自己的想象了。

黄筌确切可信的唯一真迹，便只有这幅《写生珍禽图》。

严格说起来，这幅作品不能算是真正的"画"，因为作品并没有主题，只是一件"写生图谱"。画面上均匀地分布着二十四只鸟儿和昆虫，种类多达十九种，比较容易辨认的有麻雀、鸠、龟、蚱蜢、蝉、蜜蜂、天牛等,这些都是比较常见的小动物,算不得珍禽。

还有学者仔细辨认出画中另有白鹡鸰、灰椋鸟、大山雀、北红尾鸲、丝光椋鸟、蓝喉太阳鸟、白腰文鸟、白头鹎等,这些倒是比较珍稀的禽类了。

不论是鸟是虫,画面上的每一只动物都刻画精微、毫发毕现,鸟羽毛上的花纹、昆虫翅膀上的纹路脉络清晰可见。画家还根据每一种动物的真实样子施了彩,几可乱真,尤其是朱砂和蛤粉染出的红和白,历经千余年仍然鲜艳明亮。

这虽然不是一件完整、成熟的创作,但只看这些写生之作,便可以想见黄筌的笔法是何等的细致精到,用色是多么辉煌明丽。

在这样一幅写生作品上如此用力,不免让人觉得有些大材小用了,但当我看到画面的右下角的五个字之后,便顿时明白了画家的苦心。

这五个字是"付子居宝习",也就是说这是黄筌给他的儿子黄居宝所画的一本练习绘画的"教科书",真是可怜天下父母心啊!

后来，黄筌的两个儿子黄居宝和黄居寀确实没辜负父亲，也都成为了著名的花鸟画家，自然沿袭的也是父亲笔下精细谨严、贵气堂皇的风格。

这一家父子的绘画风格，也就因此被人称为"黄家富贵"。

到了宋代，这种一丝不苟又富贵逼人的风格流行一时，经过当时画院的发扬光大，成为宋代花鸟的主流，也成为后世花鸟画的标杆。

宋

千里江山图

锦绣江山，一览无余

宋徽宗算不上是一个好皇帝,但绝对是一个优秀的艺术家,同时,他也挖掘和培养出好几位名垂青史的画家,算得上是位慷慨而严格的艺术赞助人。

我们熟悉的《清明上河图》作者张择端,正是徽宗宣和画院的翰林待诏(一种官职名),而画也是献给徽宗皇帝的作品,它也是中国绘画的代表作。

《清明上河图》是一件风俗画,而与之可谓双峰并峙的另一幅,则是中国青绿山水的代表,不仅同样出自徽宗时期的画院,并且在创作过程中还得到了徽宗的亲自指导。

这就是中国山水画的鸿篇巨制——《千里江山图》。

由于这件山水画被施以青绿重彩,所以被称为青绿山水,与以水墨为主的水墨山水画是两大体系。

错彩镂金、披锦列绣的青绿山水体现的是皇家气派,徽宗本人也格外看重它。

这件山水画长逾11米,是一个大长卷,想要全卷展出需要不小的场地,加上绢本保存本来就极为难得,展开一次便会元气大伤一次,所以北京故宫博物院也极少展出。2017年9月此作全卷展开进行展出，当时人们不惜花费五六个钟头排队，也要一睹真容。

很难想象这是一千年前的作品，画面明艳粲然，石青和石绿的浓艳色彩分毫未减，像是昨天才刚刚完成的，还散发着润泽的墨气。真要感谢古代使用的矿物颜料，能够经年不变、历久弥新，现代的化学颜料就远远没有这样的生命力了。

大宋的千里江山，在画卷上徐徐展开，山峦耸翠、烟江叠嶂，其间的溪岸坡渚边则或稀落或浓密地生长着树木，细看来，甚至能清楚地分辨出不同的树种。我没有什么植物学的眼力，所以只能略约认出有槐树、桑树吧。

一丛一丛的屋宇藏身在山间林下，亭台楼阁鳞次栉比，梁柱细如发丝，却没有一处失了形走了样，这样的精细入微，巨细靡遗，不知比相机的分辨率要高出多少倍了。水中还有舟子渔父，或行船或垂钓，虽人细如蚁，但我们却能够清楚地看到画中人物的神情。

好一曲大宋江山的瑰丽赞歌。

最奇的或许还不是这幅画，最奇的是画家王希孟

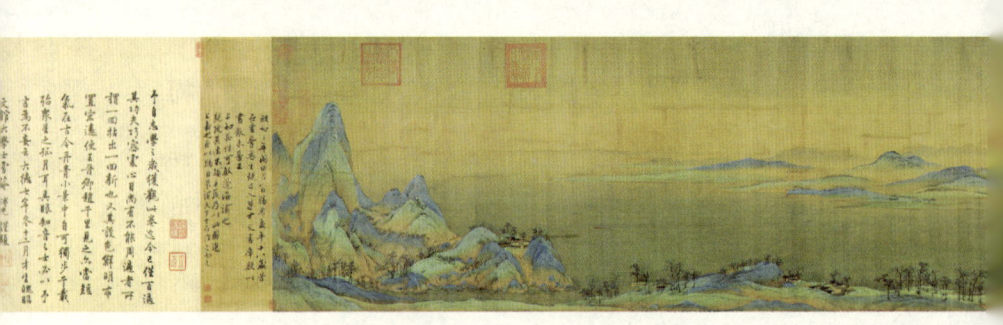

王希孟《千里江山图》

北宋

北京故宫博物院

江山千里壁
無根无蠢淋
沸運心神北
宋陵城鮮二
來正庸洪恒
異鄉城可堅
愛世王和攜
已得一登名
呂臣易不自
思作人素東
晴柚兩作行
人
丙午新6月
陶光

本人。

王希孟创作此画时只是一位十八岁的少年，刚刚入宫成为画院学生没有几年。起初他并不出色，不过他很努力，加上徽宗独具慧眼并且亲自指点，于是他的天资被充分激发。政和三年，也就是公元1113年，这位十八岁的少年终于将心中翻滚了许久的千里江山形于笔端。

半年以后，这件独步千古的巨作得以完成。我猜想，在这半年里，他的内心一定澎湃着激情，整个人都仿佛发着光吧。

作品完成后，我们翻遍历史，却再也找不到关于他的记述。因为作品完成后不久，他便撒手人寰。或许是把一生所有的才情和精力都付诸这青绿辉煌的巨制中，生命之火燃烧得太猛，于是也就燃烧得太快了吧。

有人甚至猜测世上本没有王希孟这个画家，他不过是他人甚至徽宗的假托而已。还有各路专家对于画面的题字、印章甚至画绢进行了严谨又翔实的研究考证，关于画家究竟是不是真叫王希孟也还各执一词。

我愿意相信是那么一位十八岁的少年王希孟，将生命的蓬勃热诚化作了笔下的江山，因为它实在是明朗清阔，甚至还稍稍有一点点的不成熟、不老到，技法上的瑕疵倒正好展现出少年人的气质。

英雄出少年，画坛应该也一样。

后人对这幅画的赞誉不可胜数，无论什么样的溢美之词在面对这件杰作之时，都会显得苍白而贫乏。

徽宗对这件作品也极为满意，他或许都没有想到自己的江山，竟然这般华光璀璨。

作为艺术赞助人，徽宗无疑是成功的，他不仅发现了王希孟，并且亲自指导了他，培养了他，成就了他。

如果不去想徽宗的种种昏聩，只把他看作一个尽职的赞助人甚至画家们的"艺术总指导"，画史上留下的故事倒真是佳话。

不妨列几条画史中的记述。

徽宗经常出题考画院的学生，多数是诗句为题，让学生自由发挥。

有一次出的题目是"竹锁桥边卖酒家"。绝大多数考生都致力于表现酒家盛景，而夺魁的作品却另辟蹊径，画面上只表现了桥边一片竹林，林中挂着一幅迎风招展的酒旗。言近旨远，倒真是四两拨千斤了。

另有一题是"蝴蝶梦中家万里"，最后中标的却是一幅苏武牧羊图。汉武帝时，苏武出使匈奴被扣留，匈奴多次威胁利诱想让苏武投降，然而苏武不为所动，坚守气节。后来，匈奴又把他迁到北海边牧羊，苏武仍然手持汉朝符节，不改其志。留居匈奴十九年后，苏武方才回汉，此时已是武帝的儿子昭帝继位了。后来，汉宣帝把他列为"麒麟阁十一功臣"之一，旌表他忠诚不渝的节操。

为何这样一幅表现臣子忠心和气节的作品能够摘得榜首呢？那时的北海位于现在俄罗斯贝加尔湖，苏武在如此酷寒之地牧羊，其中的艰辛常人难以体会。或许他最幸福的时刻，就是靠着羊儿的些许温暖睡着的时候，因为只有在梦里，他才能再度回到千里之外的家乡。画家用苏武牧羊，表现"蝴蝶梦中家万里"的主题，不仅构思奇绝，而且立意高远，徽宗嘉赏得也是有道理。

还有一题名为"踏花归去马蹄香"。画马画花的作品很多，当然它们都落了俗套，只有一幅画中有几只小小的蝴蝶在追逐马蹄踏过扬起的轻尘,这便是合了"踏花"和"香"的意韵。

多么风雅的题目,多么风雅的老师和学生。

每当想到徽宗年间艺术的盛景,就越发惋惜后来宋朝的国破家亡。当然,此刻的皇帝在画院里亲临指导的时候,是绝不会想到如画的锦绣江山,正在一点点离他越来越远。

宋

清明上河图

一幅盛世清明的风俗画卷

中国有句老话,"文无第一,武无第二",所以想要评出中国历史上哪幅画最好,是完全不可能的任务。不过若要说出一幅名气最大的画,我猜大多数人脑海里蹦出来的第一个名字,就是《清明上河图》。

有人夸张地称其为"中华第一神品",虽然这种说法并没有什么根据,既不是权威定论,也不是哪个皇帝当年对它的"御赐封号",但这种噱头式的说法,倒也道出了它非凡的艺术水准和更加非凡的知名度了。

说起来,这幅画的身世格外离奇,它刚被创作出来时,并没有享受到所谓的"清明"气象,而在此后近千年的光阴里,它的日子颇不宁静,无数次易手,无数次流落,又无数次被皇室寻回珍藏,它的流转见证了数不清的人世沧桑、岁月更迭。

正是这种沧桑,也为它增添了格外的魅力,它的名气也由此慢慢累积,终于夺得了第一的"人气"。

故宫最近一次展出它是在 2015 年,作为故宫举办的建院九十周年诸多活动中最大的亮点。也只有这样隆重的庆典,故宫才会祭出这样的"神器",全卷展开长达五米有余的《清明上河图》,让每个想要一睹尊容的观众花上半天时间排队，才能换来与它不足三分钟的深情对望。再没有哪一幅画，会有这样神秘而强烈的吸引力了吧。

别被这些大名头吓到，我们最好先从画面入手，探索一下《清明上河图》的魅力究竟在何处。

《清明上河图》的画面不难看懂，因为它不是"剧情片"，而是"纪录片"，记录的正是北宋都城开封汴河两岸的春景。画面上水陆繁华，百姓安乐，一片清明盛世的景象。

此画于北宋末年徽宗时完成，张择端作为画院的画师，他笔下的画面自然是皇帝的喜好。画一完成就得到了徽宗的赏爱，他用自己独创的瘦金体写下了"清明上河图"五个字作为画的题目，还盖上了特制的双龙小印。

作品长528厘米，这个尺幅已是中国绘画中罕见的大作，但对于表现一座城市、一个时代的全部繁华来说，似乎还显得容量有限。不过，画家构思卓绝、技法超群，于是，整个皇都建筑的庄严巍峨、自然风景的旖旎优美、城市商业的繁荣喧嚣、匠人百工的劳作辛苦在画面上徐徐展开，河面舟行上下、穿梭不息，见证着汴河两岸的繁华。

长卷分为三段,从右至左,先以郊外春光起首。

春寒料峭,树梢上才刚刚笼上一层烟绿。农人想要进城赶集必须早起,便赶着驮满货物的毛驴走在乡间小道上。

小毛驴从远处一路走来,画面仿佛慢慢苏醒过来,这沉睡的城市也慢慢苏醒过来。

天光渐渐大亮,路上的行人越来越多,汴河开始了热闹的一天。

河上的停船扯起了帆,桅杆高高竖起,沉甸甸的船身在河上行得极慢,行至虹桥,遇到了一些麻烦。

这时,画面到了中段,也是最热闹的一段。

虹桥下,一艘船正在放下帆和桅杆,唯恐被虹桥阻挡住去路,但还没来得及完全放倒的桅杆却眼看就要撞上虹桥了。

船头的人分为两组,一组人站在顶篷拿着长竿顶着桥头的拱梁试图让船行得慢一点,另一组人一边努力撑篙控制船的方向,一边密切关注着水中的情况。水面还算平静,一个个旋涡在水面荡漾。桥上的人丝毫不比船

张择端《清明上河图》
北宋
北京故宫博物院

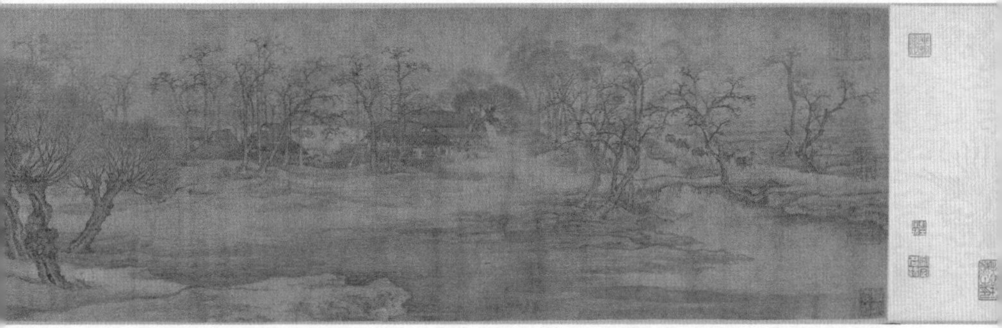

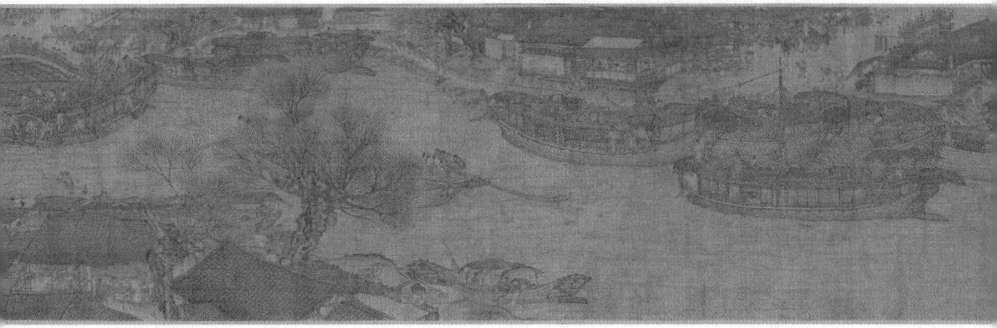

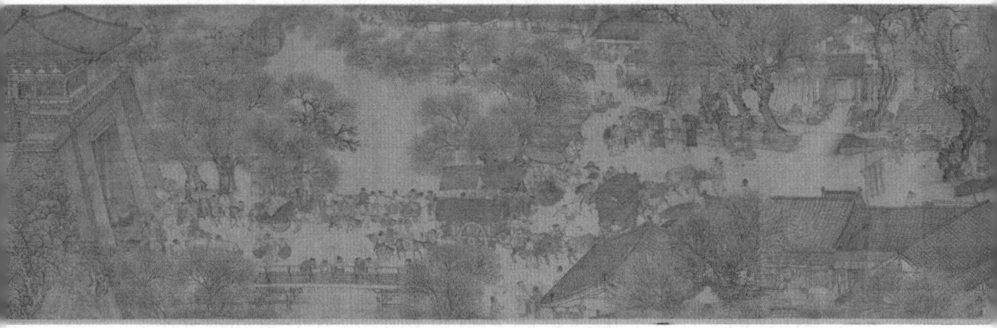

上的人轻松，他们伏在桥栏上看得大气也不敢出，艺高胆大的人已翻到了桥栏外，向船上扔下一圈长绳。

河岸这边的人都看着急，索性跳到房顶，伸着手高呼着什么。岸边的其他人都占据着有利地形，紧张地观望着这艘船的一举一动。

坐在茶摊酒肆的人倒没这工夫参与其中，他们三五成群交谈正欢。画家画得真细，连那个络腮胡子的男子面前叠放着的五只碗都画得分明。他身体略斜、双目微睁，显然有些微醺了。

桥上行人格外拥挤，骑驴坐轿、车推肩扛，所有人都忙着自己的事。

那一座骨架分明的竹阁最显眼，它可是一家大客栈的门脸。最下面有两个显眼的字"脚店"，正是供行脚的人休息之所，后面二楼的食客们，可是不亦乐乎呢。

河流向上拐了大弯，便奔涌而去，画面也就转向了后段。画面中最高大的建筑便是开封城门。城内商铺鳞次栉比、繁华忙碌，满载着货物的驼队不断拥进来，川流不息。骆驼并不是中原的产物，可见当时中原与西域各地商贸往来的紧密以及交通的便利。

靠近最末的地方，有一间敞开的门脸儿，上书四个大字"赵太丞家"，左侧的楹联上写着"五劳七伤语××"，原来这是一家药店。它旁边是一进深宅大院，门檐上斗拱低垂，门半敞着，视线却望不到内里的半点风光，只能供我们发挥想象了。

不得不说，这样的结局真是高明，虽然眼目繁华戛然而止，却最是得言有尽而意无穷的妙处。

画面细节太多，容不得我在这里一一列举。近几十年，关于它的研究也汗牛充栋，学者把它翻来覆去、巨细无遗地进行过X光式的扫描，但越研究问题却越多，越让人迷惑了：它究竟是因为什么而画，画面到底隐藏有什么内涵，画题的"清明"二字到底是什么含义，一下子反而变得众说纷纭没有定论了。

我们知道一幅名画越是谜题多，越是吸引人。所以除了专家，更有艺术发烧友以及普通观众加入了讨论的队伍，从任何一个可能的角度展开自己的研究和想象。

这幅画早已超出了一般作品的意义，它除了被当作精妙绝伦的艺术品来欣赏，更多地被当成了一件翔实丰富、准确生动的档案史料，为典籍上所记录的北宋经济、政治、生活等方方面面的情况提供了最有力的印证。

我还是想大略列举一下大家对这幅画中形象的考证梳理成果。

你知道画面中有多少人物吗？有人细数过画面上的人物和动物，数出多达一千六百余人，二百余牲畜，但确切的数字也仍然没有定论。还有学者专门数过画上出现的女性，这也确实是有趣的角度。

画中人物的身份三教九流，士、农、工、商几乎无所不包，还有士兵、乞丐、僧侣、算命先生等等，你必须非常仔细才能发现；店铺有酒店、粮店、厨具店、弓箭店、剪刀店、香烛店、灯笼店、乐器行、金饰店、布店、古董店、药店、餐馆旅店等等，各式摊贩不一而足，还有二手商品店，当年的开封商业发达到令人瞠目的程度！

画家对生活得有多么深的体验，才能把这世相百态画得如此传神！所以，这也就衍生出另一种说法，认为这其实是张择端有意展现风俗世相，意在规劝宋徽宗既要看到这样的繁华而怜惜黎民，又要看到其中深藏的王朝危机。

起首处更像一幅山水

虹桥是整幅作品当中最著名的片段

后段上最醒目的内容是这座城楼

这样说的根据，是画面的最后一段，你看那高高的城楼上无人把守，城防涣散，以至于开封门户洞开。而且下面还有行人和税官发生争执的场面，据说这也是画家在暗示官民关系的紧张和国家赋税的沉重。

画面的季节也历来是争议的焦点。

一般认为"清明"就是清明节，但细节中出现的西瓜、赤身嬉戏的儿童、扇子等物，却都不是清明节应季之物，所以认定此"清明"并不指时间，而是在指当时的社会盛世清明，河清海晏。

不管"清明"究竟是何意，也不论画家是不是真在讽劝皇帝，皇帝又是不是看懂了画家的一片苦心，这样的繁华却在不久之后一去不返。河山不复，何谈清明？

围绕这幅画的那些探幽发微的事，还需要大量的时间进行细致的研究，经年累月地寻找证据。

作为观众，我们只觉得北宋京城的那一片人间烟火时隔千年展现在我们眼前，仍然那样熟悉、亲切。我们看它，看的是一片人生的繁华热闹，一片和谐温暖的世相百态。

这才是这幅画平中见奇的感人力量。

《清明上河图》大概也是史上被仿制最多的作品之一。后世摹本中能够被称为杰作的，就有明代画家仇英的重彩工笔本，只是他把开封的景致变成了他老家苏州的风物，此画现藏于辽宁省博物馆；清代乾隆年间，五位宫廷画家应制也画了一幅，现藏于中国台北故宫博物院，其他各朝各代所绘的仿作，现存可考的据说就有三十多本。可见《清明上河图》人气之高从古就有。

《清明上河图》因为具体而微地表达了中国人的平凡人生，真实而温暖，所以老百姓能够看得懂，能够产生共鸣，因此也就倍加喜爱，它在某种程度上成为中国人生活的象征，所以，我们也格外愿意把它作为中国绘画首屈一指的代表。

嗯，看完画，到了说故事的时间。

如果没有这些故事，单单一幅画，其实很难如此牵动人心，因为有时候背后的故事比画面更传奇。

话说当年作品完成后不久，金兵便攻破北宋的都城开封，连皇帝都被俘虏了，哪还有人顾得上一幅画呢。这幅画也就从此遗失了。

到了元代，统治者再次搜寻，竟然寻到这件稀世之珍，《清明上河图》得以再次入宫。此时的京城已经搬到了大都，也就是现在的北京，当年京城里的汴河繁华，已离它千里之遥。

这幅画来到新的皇宫日子也不太平。据说宫内一个装裱匠偷梁换柱，用临本换出真本，画作几经转卖偷盗，倒手近十次。历史上虽然没有记载，但是也足可以想到其间该有何等波折了。

到了明代，它落到了权相严嵩手中。

这个专权擅国二十余年的权相倒台后，他的家被抄，于是他收藏的《清明上河图》便落入了太监头子冯宝手中。为了私藏宝物，冯宝编出一个故事：有个小太监因为贪财好利把画从宫里偷了出来，正要带出宫，恰好看见绘画库的保管员过来，情急之下他就把画藏到了御沟里，也就是下水道里。此后又连续下了三天大雨，最终这张画就不知所终了。

小太监倒霉，替冯宝背了锅。

不过，冯宝因为得意忘形，在画后题了跋文，暴露了他的阴谋。

在冯宝之后的两百余年里，此画又不见了踪影，直到乾隆晚期才现身。

此时的藏家是当时的状元毕沅，巧的是他死后也被抄了家，此画于是被重新收入宫中。

进入了清宫，对于它的抢夺倒是消停了一阵子。再现身之时就到了抗战胜利之后了。

1912年辛亥革命以后清政府倒台，溥仪被迫迁出紫禁城。1925年，昔日皇宫成为了博物馆，但这幅《清明上河图》和其他一些珍宝都一起被他带出皇宫，带在身边。

1945年8月15日，日本宣布无条件投降。几经辗转，连同《清明上河图》在内的一批宝物被移交给当时的东北银行代为保管，一直到1949年新中国成立后，这批宝物才移交到了新的"主人"手中，这就是于1949年7月7日成立的东北博物馆，也就是今天的辽宁省博物馆，这也是新中国开放的第一家博物馆。

再后来，它得以重返故宫，关于它的鉴定，也还有一段故事可说。

那是1951年初的一天。

辽宁省博物馆库房久未开启的大门吱呀一响，厚厚的灰尘被突然搅动,一束光照了进来,空气中到处弥漫着尘埃,这样的氛围最适合发生大事了。

地上堆放着许多书画和文物,它们被放在这里已经快两年了,今天,它们迎来了一批专门负责清点鉴定的专家。

清点工作有序地进行着,专家们没想到溥仪当年从宫中带出来的"珍宝"里没什么稀世之珍,而且还有许多赝品,但专家们也不能掉以轻心,毕竟是清宫旧藏。

翻检过程中,一卷残破画卷题签上的五个字,吸引了一个年轻人的目光。

你一定猜到了,这五个字,正是:"清明上河图"。

这个年轻人看到这五个字,其实并不十分激动,因为历代的"清明上河图"已经数不胜数,明清仿本尤多,他自己亲自看过的就有十余件,所以见多识广的他,并没有双手发抖,更不会觉得这残存的画卷有什么奇异的光芒。

当然,本着学者一贯的严谨,他还是小心翼翼地展开了画卷。随着画卷展开,他的内心越来越无法平静,他看到了前所未见的手笔,盛大而精细,无与伦比;

他还看到了画的前前后后那些题跋上的内容，记载着关于它的产生、流转、收藏，以及人们对它的激赏珍爱，这些内容也成为作品重要的身世档案。

专家们马上进行了"会诊"，有人认为它正是真迹无疑，但仍然不敢轻易下结论。

总之，经过了这个年轻人寻找证据的周密过程和严谨判断，也有无数回合关于真伪的讨论和争辩，最终，它被验明正身，它正是传说中北宋画家张择端的《清明上河图》真迹！

下定结论的那一刻，空气都散发着瑰丽的光辉。这是中国美术史上一个多么重要而又美好的时刻！

这个年轻人也一战成名，他的名字是杨仁恺，他所经历的这一段心潮澎湃和巅峰体验，都被记录在了他的《国宝沉浮录》中。

这批宝物清点完毕后，很大一部分就留在了辽宁，成为辽宁省博物馆的镇馆之宝，但这一幅意义实在重大，于是被送回到了故宫博物院。

《清明上河图》历经磨难，终于又回到了熟悉的地方。

宋

芙蓉锦鸡图

皇帝画家的艺术和人生

宋代的花鸟画风格主流是走富贵工丽路线的，尤其是宫廷的花鸟作品，更是尽显祥瑞气象，《芙蓉锦鸡图》便是最好的代言画。

这幅画的作者也格外不同寻常，他就是宋徽宗赵佶本人。

比起治国理政，这位皇帝更爱艺术。他的艺术造诣也确实是没得说，创作了为数不少的书画作品，其中尤其擅长花鸟画，这幅《芙蓉锦鸡图》便充分展现了他的才华。

又是芙蓉又是锦鸡，光听名字都已是满堂华彩。

一只五色斑斓的锦鸡正立在盛放的芙蓉花上，花朵硕大，锦鸡丰肥，所以花枝便低垂了下来，发出簌簌的轻响。循着锦鸡的目光望去，一双彩蝶流连在花朵之上，更增添了富丽和雅趣。

时光悠久，作品的色彩早已不如当年那样新鲜明丽，但锦鸡的眼睛却丝毫未失神采。

据说这是徽宗独创的画法，他不用普通的颜料，而是用生漆为鸟儿点睛，因此鸟儿格外神采飞扬。

宋徽宗擅长绘制花鸟，他在艺术上的成就，离不开

赵佶《芙蓉锦鸡图》，北宋，北京故宫博物院

对于自然细致入微的观察。据说有一次他让画院的学生画"孔雀升墩"这个主题，所有人的作品都不如他的意。原因在于所有人都把孔雀画成先抬起右脚，而他长期观察的结论是"孔雀升墩，必先举左"。至于月季、牡丹、狸猫之类的花鸟禽兽，一天之中不同的时辰也会呈现出不同的状态。

在对艺术的追求上，这位皇帝真是不遗余力。

不仅绘画，书法上他也造诣颇深。《芙蓉锦鸡图》的画面右侧便是他亲自题写的诗："秋劲拒霜盛，峨冠锦羽鸡。已知全五德，安逸胜凫鹥。"这是在赞美锦鸡的品格和德行。诗的文采虽然一般，但书法的气质和画面倒确实很相配。

这种骨气嶙峋的字体也是他的独创，名为瘦金体，劲瘦，且还尽带清朗俊秀的神韵。

有书有画，并且精妙如此，已经相当优秀了。不过这位皇帝从来没有停止在艺术上的追求，处处都要另辟蹊径，只要有可供发挥的地方，他就一定不放过。

现在，可供发挥的地方只剩下签名了。

那就想个独出心裁的签名吧。

签名在画面的右下角，就是"宣和殿御制并书"那一行字，不过还没完，最下方还有一个奇怪的符号，这才是他自创的独家签名，这被称为"花押"。

这个签名看起来像是一个没写好的"天"字，但它其实包含着四个字，把它们拆分一下正是"天下一人"，没想到皇帝竟也如此自负又顽皮吧？

我甚至可以想见他完成这个发明创造的时候，神情是多么自得。

这个花押既为宋徽宗的画增添了一丝特别的神采和趣味，也成为历代花押里最为人乐道的一个。

不过画面上虽然一片花团锦簇的安逸美好，但现实里却画风急转，即使徽宗假装听不见，北方金人的铁蹄已经声声在耳了。

其实在徽宗登极之时，江山便早已被北方民族觊觎已久，大宋皇帝尚须勉力维持才能得到些许安宁。这样的国势需要的是一位励精图治并且雷厉风行的明君，但很可惜，徽宗赵佶并不是。

登基之初，他也有心创造清明盛世，但很快就放弃了，做个明君大概是太累了吧，还是早年做端王时寄兴丹青、蹴鞠骑射更有趣。现在有了权力，他便把这些爱好发挥到了极致。

他喜欢奇花异石，于是大兴"花石纲"，举全国之力为他搜罗运输花石，装点他的花园"艮岳"。

他擅好丹青，于是他的宣和画院里一片繁荣，除了创作，还搞收藏。他汇集天下书画名作编成了二十卷的《宣和画谱》和二十卷的《宣和书谱》。

他还喜爱修道，北京故宫里恰好还有一幅画师应制而作的《听琴图》，上面的徽宗一身道袍抚琴自得。他甚至被称为"道君皇帝"，多么超然物外的悠然。

《听琴图》
北宋
北京故宫博物院

但他是个皇帝啊!

这个文弱的中年男子,早年没有位极天下的野心,眼下也没有力挽狂澜的手段。只是一个意外,他竟被选中继承大统,对于他的人生,对于大宋的江山,真像是个玩笑。

君临天下的滋味,在有些时候并不那么好,徽宗很快就体会到了。

北方的金兵势不可挡杀到眼前,徽宗皇帝连乞降都来不及,他匆匆传位于儿子钦宗,却一样没有躲过王朝覆灭带给他的惩罚。

徽宗和钦宗两位皇帝被金人俘虏押往北方,后妃、皇子、宗室贵戚随行多达三千人。先是被关押于韩州,后又被迁到五国城囚禁。从他的故都开封到这一带,直线距离大约有 2100 公里。

五国城是现在黑龙江省哈尔滨市依兰县一带,四月的朔风刺骨,帝后衣服单薄,晚上经常冻得彻夜难眠。而他们的饭食也只有发霉的干饼。行不过半月,其弟燕王在途中死去,徽宗大恸,最后只寻得马槽收敛尸骨,将他葬于荒郊野外。

徽宗没有想到，留给他的结局，比这还要惨得多。

徽宗一行在北地被囚九年，此间也时常辗转，但比起身体上遭受的百般摧残，精神上的折磨和凌辱更令他无法忍受，于是在囚禁期间，他把衣服绞成绳索想要寻死。但即使这样仍然不能如愿，他自尽不成后不久便身患重病，被弃于一个土坑中。

据传，钦宗不久后被金国乱马踏死，尸体不知所踪。

这一段记录实在骇人听闻，也实在触目惊心。徽宗在他的宫苑里吟赏烟霞、纵情享乐的时候，无论如何不会预料到这样的结局，确实没有人能够想象得到。

中国历史上整个帝王时代，没有哪个君主死得这样不堪。

"国君死社稷"，君王应为保卫自己的江山社稷而死，这也是君王为自己的国家所尽的最后一点义务，只是像徽宗和钦宗这样的死法，太让人唏嘘。

对于徽宗、钦宗二人的遭遇，南宋的说法是"北狩"。真是不得不感叹汉语的神妙，这个颇显雄风的词为两位皇帝和大宋安在的君臣保留了残余的一丝虚假颜面！

不过，无论用什么词，都无法改变这惨绝人寰的事实。

回头再看徽宗的花鸟，虽然那样富贵锦绣，一片浮世盛景，却让人从那泛黄的绢底上，读出了靖康耻、臣子恨的悲歌。

唉，如果天下太平，赵佶没有做这个皇帝，只做他的端王爷，当个清瘦俊雅的富贵闲人，写他的瘦金书法，画他的富贵花鸟，中国的美术史上也会更增添绮丽华美、锦绣繁华的一笔吧。

如果历史按这条线路发展，既是他个人的幸运，也是国家的幸运。

只不过，历史，从来没有如果。

元

秀石疏林图

写字和画画，原来是一回事？

我必须先告诉大家,这幅画在中国美术史上相当重要,要不然,我估计大家根本没有看下去的兴致。

因为一眼看去,这幅画尺寸不大,题材也不出奇,画面上也看不出有什么有趣的东西,不过是一块大石头和一些草木,并不多么新鲜有情致,也并没有什么深刻的寓意,关键它还并不怎么好看。

赵孟頫《秀石疏林图》
元
北京故宫博物院

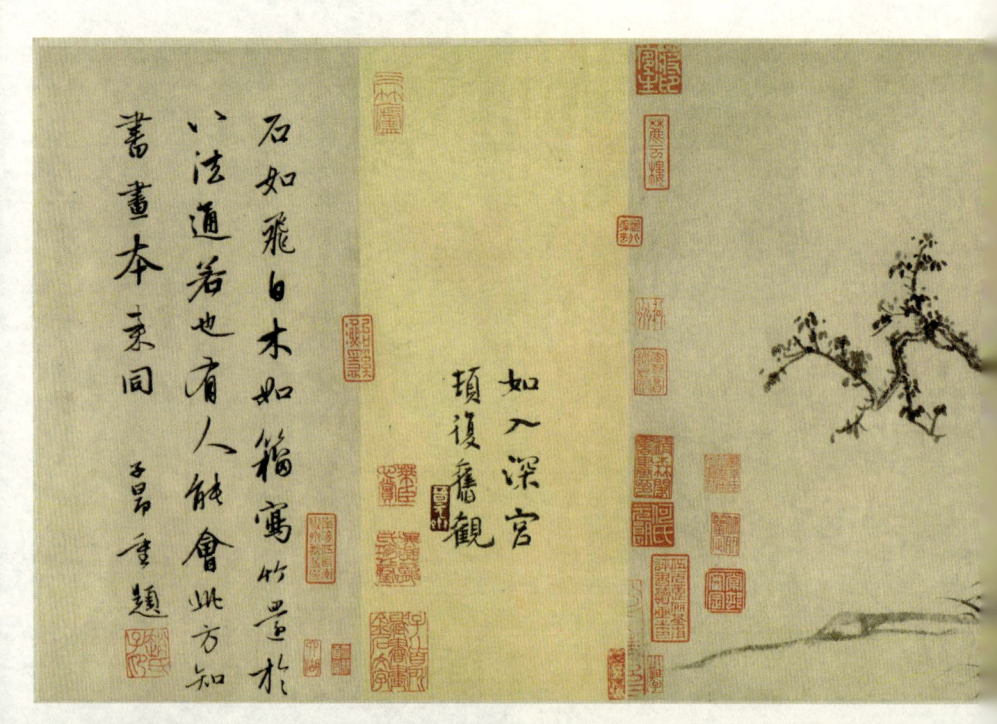

那么，这样的一幅画既然那么重要，就一定有缘故了，有我们一眼看不到的缘故。

这是被誉为"元人冠冕"的艺术家赵孟頫的代表作，凭这几个关键词大名头，大家也就不得不静下心来认真观看这一张"平平无奇"的作品了吧？

之所以说这幅画重要，倒还不在画面本身所绘之物，而在于它提出了一个概念，这就是我们中国艺术史上常讲的"书画同理""书画同源"。

当然，这个概念的形成比这幅画要早得多，但是直

到有了这幅画，这个概念才算是落到了实处，有了具体的、图像的阐释。

通常我们在欣赏一幅绘画的时候常常是从画面本身开始看起，但这一次我们得改变一下方式，先从画外的东西看起，这就是画上的题跋。

这段题跋文字在画面左侧的尾纸上，具体内容是这样的："石如飞白木如籀，写竹还于八法通。若也有人能会此，方知书画本来同。子昂重题。"

子昂就是赵孟𫖯，这段文字既然是重题的，说明确实很重要，需要一题再题了。

这首诗里面有许多词其实是书法里面的术语。

"石如飞白木如籀"，"飞白"就是笔触干枯的时候因为写得快留下的一丝丝露白；"籀"就是大篆，这是先秦时期流行于秦国的字体。第二句"写竹还于八法通"中的"八法"就是"永字八法"，这是书法里面的用笔法则，我们前面讲《兰亭序》的时候介绍过。

我们不妨按照文字来"检查"一下画面。

石头是明显的"飞白"，是画家侧着笔扫出来的，笔中含水墨少的地方也就露出了纸色，这就是"飞白"

的效果。

画面上的树都极为萧疏,只留下硬挺的枯枝,正好让我们看清他的用笔轨迹。这是正着笔用中锋画的,他下笔很稳沉,所以线条曲折凝重,这正是大篆的古拙顿挫的气息。

竹叶只有小小的几丛,但潇洒多姿,确实像是行草的写法,八法贯通,笔墨纷飞,于是枝叶纷披,气韵十足。

对照他的诗来看他的画,他确实是说到做到。

当然,诗的后面两句"若也有人能会此,方知书画本来同"更是赵孟頫表达的重点。他不仅要用自己的绘画实践举个例子,还要告诉大家"普遍真理"——如果大家能领悟到这些笔墨的奥妙,就会知道书法和绘画本来就是一回事。

经他这么一说,绘画似乎也就简单了,只要会写字就会画画了,古代文人谁还写不好字呢?

其实,不只赵孟頫这么说过,类似的说法在中国书画史上一直都存在。比如唐代张彦远在他著名的理论著作《历代名画记》中提到"书画异名而同体",明末清初画家八大山人也认为书画"其具两端,其功一体",看来这是公认的事实了。

这也真正道出了中国绘画的"实情"。

其实书画本来就是不分家的,中国最早的文字正是图画一样的象形字,书与画本就是一个源头;再加上书法和中国画的工具、载体都完全一样,都是笔墨,所以从根本上来说,书与画的创作过程都是运笔的过程。二者的评价标准也差不多,也无非是气度、骨力,把形容书法高明的词汇用在绘画上,也基本不会有什么违和感。甚至于在欣赏方面也是一样,我们看一幅书法作品,也不大会去一个字一个字地认读它的内容是什么,尤其是狂草,但这并不妨碍我们去感受它们的结构、布局、线条和气脉上的美感,这和绘画何其相似啊。

书画同源同理,真不是什么虚话。纵观中国美术史,画画得好的文人,书法造诣普遍也十分精深,其中更有些在书法界也是扛大旗的人物,比如这位赵孟頫。

在中国古代,文人是很不屑于和画工一样去描摹物象的,他们也并不靠画画吃饭,所以用不着以画得像、画得美来迎合买主。不仅如此,文人们还要刻意与工

文同《墨竹图》
北宋
台北故宫博物院

匠划清界限，保持自己的"独立身份"，所以书画在他们手中就是一种寄情的工具，自己高兴就好。而"写"比"画"要更加自由、有格调，更加符合文人的独特身份，因为画工是不会"写"的。

所以，后来文人喜欢在他们的画上落款为"某某写"，而不落"某某画"，赵孟頫在这里也说的是"写竹"，而不是"画竹"，就很能说明问题。

还有明代的唐伯虎，都傲气地说自己卖画为生是"闲时写幅青山卖"，用的也是个"写"字。

这一个"写"字，神气活现地浮出一股古时文人的自矜和清高来，现在品来也是十分有趣。

当然，也正因为这一个"写"字，古代的文人画无论是技法还是品格，也就都这样确立了起来。所以欣赏文人画并不是要看它们画得是不是像，是不是好看，而看它们是不是有风骨，是不是有品位，是不是脱俗。

文人和画工的追求不同，画法不同，最后的画面效果自然也就不同。到了元代以后，文人画基本上形成了诗、书、画、印"四位一体"的标准格式，这也更成了画工们高不可攀的新样式。

元

伯牙鼓琴图

知音世所稀

我们把这个世上特别懂得自己的人称为"知音",这个词其实来自一段发生在春秋时期的美好偶遇。

晋国大夫伯牙出使楚国之后,在返回晋国时途经汉阳,恰逢八月十五朗月当空,伯牙于是坐了下来,在江边乘兴抚琴。

不觉旁边早已站着一位听琴者。伯牙弹琴时心中想着高山,听琴者便脱口赞道:"善哉!峨峨兮若泰山!"伯牙心中念着流水,听琴者又赞道:"善哉,洋洋兮若江河!"听琴之人总能立刻明白伯牙心中所念所想,这让伯牙无比惊异,于是停琴询问,原来此人名叫钟子期,只是过路的一名樵夫。

心意相通的二人于是结为好友,并约定来年的这个时候再在此地相会。

第二年中秋,伯牙赴约去见子期,结果久等子期不来,一位老人告诉他,子期已不幸亡故。

知音不再,琴声又能给谁听呢?伯牙于是摔碎瑶琴以谢子期,终生不再弹琴。

而伯牙当年操琴而后摔琴的地方,就叫作琴台,现在仍然是汉阳一个极为著名的景点。 这个故事早在战国的《吕氏春秋》当中就有记载，但关于两位知音的身份并没有明确的说明。后来历代文人都对这个故事进行了细节上的丰富，到了明代，冯梦龙的《警世通言》开篇就是《俞伯牙摔琴谢知音》，时间地点人物事件一应俱全，也就是我们上述故事的蓝本了。

在《俞伯牙摔琴谢知音》中，伯牙还有了姓，成了俞伯牙，也有了晋国大夫的身份。大家如此热衷为这个简单的故事不断地添枝加叶、渲染气氛，无非是因为自古知音便难求，所以大家也就格外珍视，也愿意不断将光环赋予二位主角。

不过，画家们在表现这段知音的故事时，还是喜欢按照自己的理解和想法来为他们安排身份。比如王振鹏的这幅《伯牙鼓琴图》中，抚琴的伯牙是隐者形象，而听琴的子期则是一身文士打扮。

自从汉代以来，就有许多关于听琴这个主题的文物，比如陶俑、画像石、画像砖和铜镜等，画面中抚琴和听琴的大多是高人逸士的形象，用以表现高士的情操。当然，这些图像当中的主人公并不一定是伯牙和子期。

王振鹏《伯牙鼓琴图》
元
北京故宫博物院

　　到了后来,"知音"又被赋予了浓重的政治意味,尤其更带有强烈的君臣之间的知遇之意,所以许多诗歌当中所谓的"知音",其实表达的是政治上的含义。

　　随便摘几句感叹知音难寻的诗句,比如两汉的《西北有高楼》"不惜歌者苦,但伤知音稀";孟浩然的"当路谁相假,知音世所稀";岳飞的"知音少,弦断有

谁听"；贾谊的"国其莫我知兮，独壹郁其谁语"等等，这些感叹，都是作者因为自己抱负难施有感而发。

宋徽宗也画过一幅著名的画《听琴图》，不过画面中却是他自己抚琴，臣子聆听。看来，皇帝的心事，也希望臣子能懂啊。

其实不论是朋友还是君臣，能够有人懂得，总是件无比幸福的事。

最后，我们还应该关注一下知音故事当中的重要"道具"——琴。

琴在中国文化当中有特别的地位。在礼乐文化当中，土生土长的中国乐器琴地位不同一般，它被赋予了特别的寓意，君子雅事"琴棋书画"当中，琴排第一位。

琴既被认为是修身的载体，也被认为是通灵的神器，所以连琴的形制外观都具有特别的内涵。

中国文化中很早就有了琴的身影，它关联着的，是君子的气度和品格。

我们现在一提到"琴"，最先想到的可能是西洋传来的钢琴、风琴、提琴等乐器的统称，也常常会认为"琴"是一种更加适合女性弹奏的乐器，但这真是天大的误会。中国的古琴其实从来就是充满阳刚之气的男性化乐器。

你看，成语中，琴的气质向来就是刚劲的、轩昂的，而不是柔媚的、温婉的——琴剑飘零、剑胆琴心，琴与剑一样，是与白衣飘飘纵横驰骋的少年、倜傥磊落侠肝义胆的君子联系在一起的。

诗词里，更多的是描述一个人弹琴的场景，不仅有格调，而且极具美感。比如王勃的"月下调鸣琴，相思此何极"；王维的"松风吹解带，山月照弹琴"，"独坐幽篁里，弹琴复长啸"；李白的"闲坐夜明月，幽人弹素琴"，"独抱绿绮琴，夜行青山间"……

连纵横疆场的岳飞，静下来都会在他的将军大帐里抚琴操曲，感叹"欲将心事付瑶琴"。

更有连睡觉都要抱着琴的，比如那位后来成了仙的吕洞宾就"不事王侯不种田，日高犹自抱琴眠"，也不知抱琴眠和他成仙有没有什么必然的联系，不过这也妥妥地烘托出了他的神仙气质。

当然，琴也并不全是独奏。如果在春日里对着淑女抚琴一曲，效果一定不错。《诗经》的开篇《关雎》里，君子不就对着爱慕的淑女"琴瑟友之"吗？最后，君子和淑女也一定会是琴瑟相和了。

琴在古代君子的生活当中是多么不可或缺。

甚至人们在鄙夷一个人俗不可耐、蠢钝愚憨的时候，也还得请出琴来"现身说法"，讥他一句"焚琴

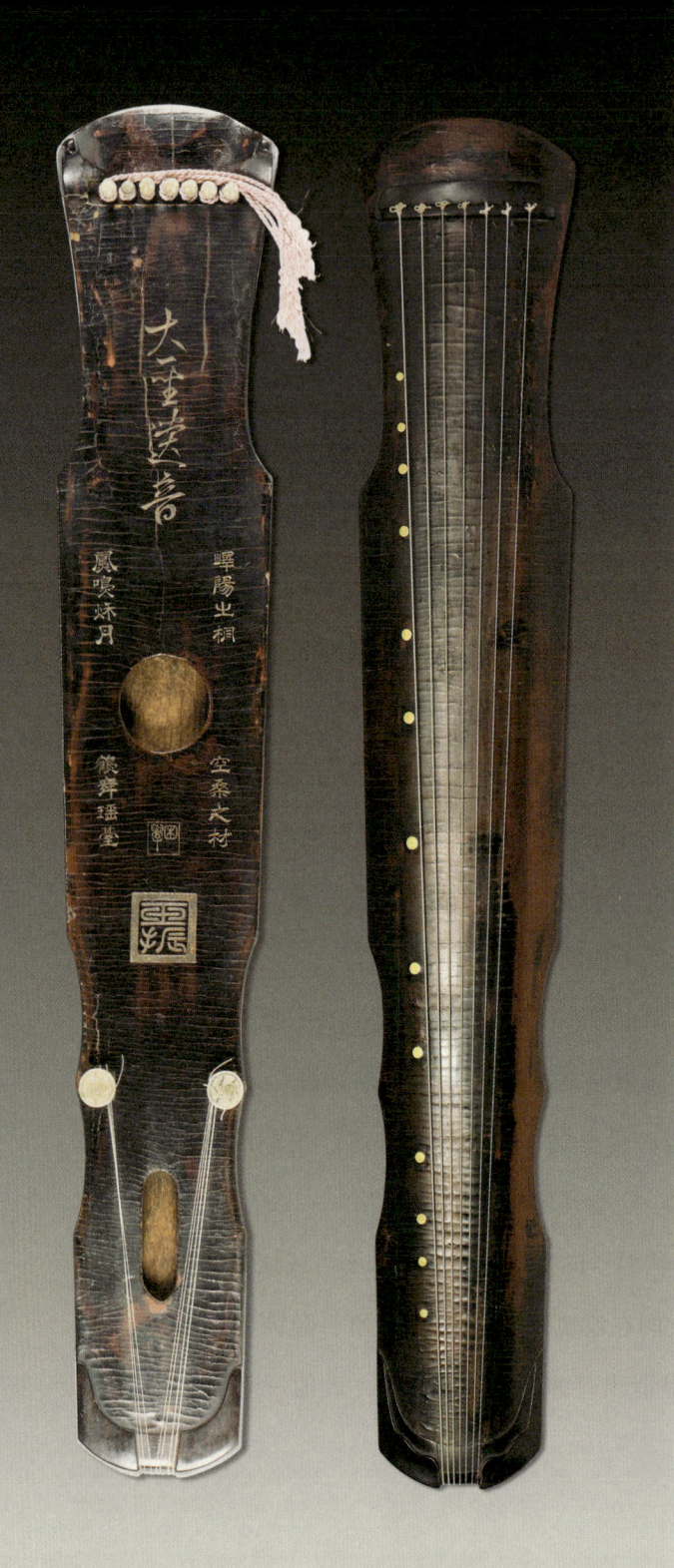

"大圣遗音"琴
唐
北京故宫博物院

煮鹤"。

琴在中国传统文化中地位如此之高，身份如此尊贵，本身也有许多说道。

琴的基本形制是七弦十三徽，便是这些数字，也大有讲究。

汉代大学者蔡邕的《琴操》中对琴的尺寸形态和寓意进行了详细说明：琴长三尺六寸象征三百六十日，长四尺五寸象征四时五行，宽六寸象征六合；前宽后狭象征尊卑，上圆下方象征天地；五弦象征五行，文王和武王加二弦象征君臣，七弦象征北斗七星，等等。

一张琴，包含了天地万象、周天运转。

还有琴的不同部位，名字也设计得仙气缭绕。

琴底部的眼孔是所谓"龙池""凤沼"，琴足称"雁足"，琴头的侧端又有"凤眼"和"护轸"，琴尾用来架弦的部位称为"龙龈"，龙龈两侧的边饰称为"冠角"，又称"焦尾"。

在古人眼里，一张琴便是一个生命，一种风骨，所以古人赋予不同造型的琴以不同的名字，为的正是体现它们不一样的气质和神韵。

琴的外轮廓造型称作琴式，光是琴式便有十多种。

最常见的琴式有伏羲式、神农式、仲尼式、师旷式、连珠式、灵机式、落霞式、蕉叶式、凤势式等。有些名字来自历史人物，所以这些琴式也就被认为是合乎他们的品格和德操；有些名字则是根据琴本身的外观特点所起，当然也自然带着一股出尘绝俗的灵性。

除了琴式不同，每一把古琴都有自己独一无二的"令名"，只轻轻念一念，都让人觉得唇齿留香。

我只略举一下吧：

大圣遗音、彩凤鸣岐、九霄环佩、虞廷清韵、鹤鸣秋月、蕉林听雨、月明沧海、龙门风雨、海风清晖、寒泉漱石、鹤鸣秋月、沧海龙吟、石涧敲冰……

雪夜钟、峨嵋松、玉玲珑、一壶冰……

清雷、鸣凤、玉泉、奔雷……

无论是四个字、三个字还是两个字，都文采斐然，也只有这样，才配得上这些名琴啊！

琴的制作材料是木料，时间长了木料便会出现断纹，这种"缺陷"却成了一种可遇而不可求的"美丽意外"，让琴的声音越断越清朗。

甚至还有更意外的，那就是焦尾琴。

故事记载在《后汉书》中。

汉末大儒蔡邕有一次到吴地，即现在的江浙一带赴宴，看到一个人正在烧火做饭，蔡邕听到灶里的木材发出的声响，认定这是一段制琴的好料，于是急忙将木头从火中抢出来。用这段木头制成琴果然声音清朗激越，只因琴的尾部留着被烧焦的痕迹，所以此琴就被称为"焦尾琴"。

到了明代，还出现了铜琴、铁琴，这就更像是武侠小说里绝世高人们风雅卓绝的兵器了。

为了配得上琴的气质，琴曲的名字也都格外清雅，比如我们最熟悉的《高山》《流水》《阳春》《白雪》，还有《落雁平沙》《潇湘水云》《醉渔唱晚》《梅花三弄》《阳关三叠》《渔樵问答》等等。

还有一曲《广陵散》，"竹林七贤"之一的嵇康在被行刑之前抚琴奏完后，此曲便成绝响。

不过，或许大家最熟悉的琴曲，也许是出自金庸小说的《笑傲江湖》。

琴在春秋战国时期已经很盛行，到了唐代，制琴水准达到了高峰，出现了专事制琴的雷氏家族，将斫琴工艺发挥到近乎极致的地步，留下了众多令世人惊艳的名琴，比如雷霄的"九霄环佩"、雷威的"大圣遗音""鹤鸣秋月""枯木龙吟""春雷"等。

出自雷氏之手的琴，又被称为"雷氏琴"。

不过，说了这么多，琴的妙处用眼睛看是不能体验到的，如果你不听听它的声音，无论如何是无法体验到这清音是如何让人"三月不知肉味"的。

关羽擒将图

明

关公是怎么变成了「武圣」的?

我想这张画即使不告诉你名字,也许你也能一眼就认出来。

这不就是关羽吗?绝对不会认错的。

都说一千个读者就有一千个哈姆雷特,不过,一千个读者却只有一个关羽。说起来,作为一个生活在遥远历史中的古人,形象却一直极为清晰确定,这还得感谢《三国演义》这部小说,经过小说不断的加工提炼,关羽的形象便定于一尊了。

小说作者罗贯中对关羽是极为推重的,要不然不会在《三国演义》中对于他的形象再三描写,关羽第一次出场是这样的:"身长九尺,髯长二尺;面如重枣,唇若涂脂;丹凤眼,卧蚕眉,相貌堂堂,威风凛凛。"

描写细致到了脸色、眉目、嘴唇、胡须,画面感相当强,所以关公给大家留下的第一印象就很深刻。

一次描写远远不够。后面的情节中,只要关羽出场,罗贯中对他的外貌描绘仍然不厌其烦。

第一次重要亮相是十八路诸侯讨伐董卓时,关羽闪亮登场,完成了人生漂亮的第一击——温酒斩华雄。

这次像是慢镜头,又对他的外貌来了一次细致的扫视:"众视之,见其人身长九尺,髯长二尺,丹凤眼、卧蚕眉,面如重枣,声如巨钟,立于帐前。"

有这两次,英雄形象就这样树立起来了。

关羽的面目大家是比较清楚了,但在千军万马当中想要看清容貌仍然很困难,所以还需要点别的东西。

你猜到了吗?

作者为他配备了三样装备。

第一件是重达八十二斤的青龙偃月刀,一听就觉得寒光逼人,神器锐利无比,带着一股兵不血刃的冷傲。

第二件则是日行千里夜行八百的赤兔马,宝马必须配英雄。

还有第三件,很不起眼,你可能想不到,它既不能增加战斗力,也不能平添英姿,但它却是最重要的,就是那件一穿上就不再脱下来的绿袍。

现在你看画面,斜披在关羽身上的正是。

其实这件绿袍或许才算是塑造关公形象真正的点睛之笔。

我们都知道,关公最后成圣肯定不是靠相貌,当然也不仅靠超凡的战斗力,取胜的关键在于忠义。

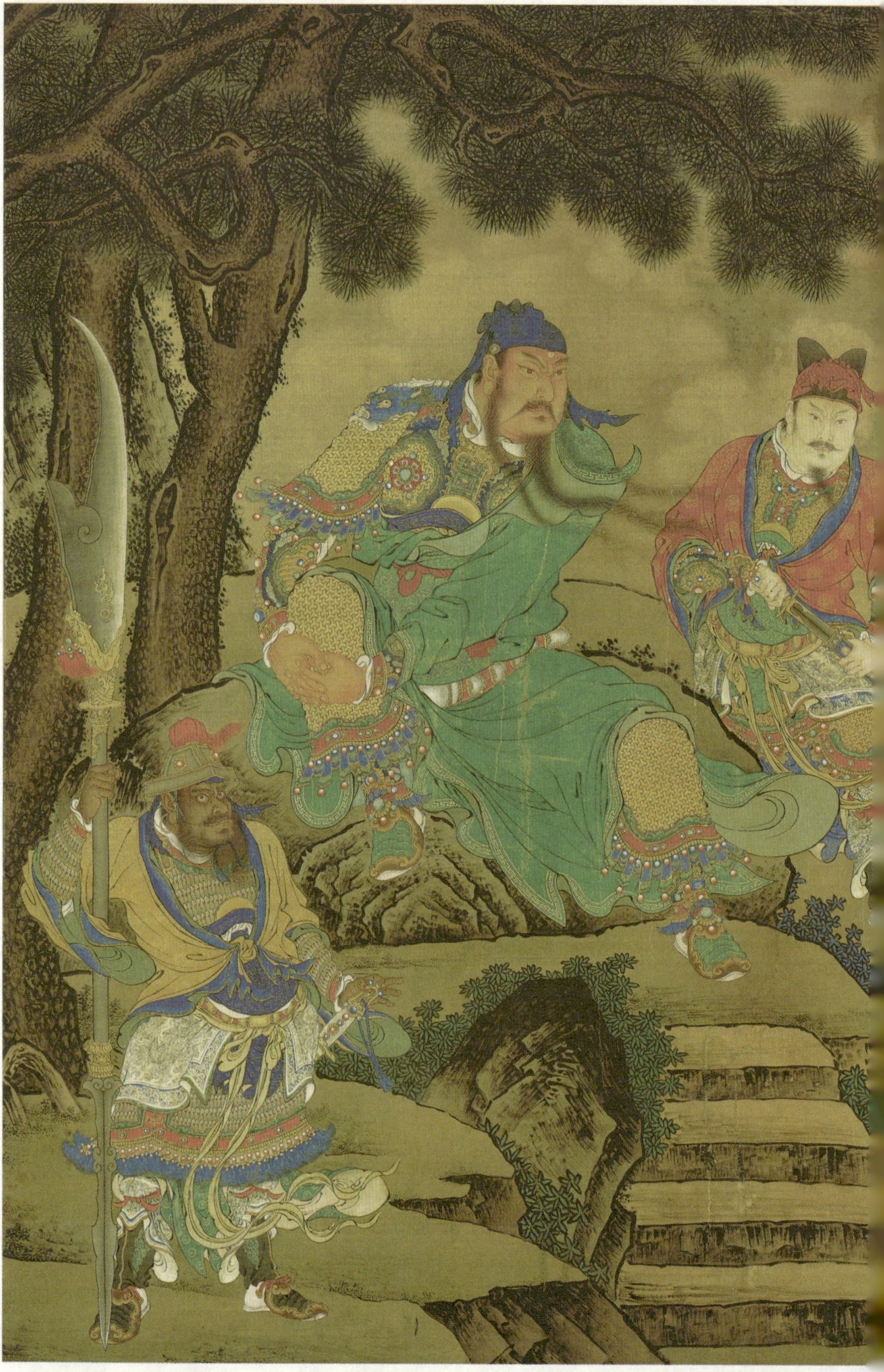

商喜《关羽擒将图》
明
北京故宫博物院

而帮助关公完成忠义形象的关键道具，正是这件绿袍。

说起来，它的亮相缘于一次战斗失败。

当时刘备兵败逃散，关公因为护卫刘备之妻而被曹操围困，不得已之下"降汉不降曹"。

爱惜人才的曹操对他礼遇有加，且不要说赠他金银珠玉绫锦美女，即使是封他汉寿亭侯，他也仍然丝毫没有动摇寻找兄长刘备的心。

曹操对关公确实很用心，为了让关公更好地保护他飘逸的长髯，曹操甚至特意送上纱锦做的护囊。你看画中关公的一部美髯画得多么神采飞扬，它正是塑造关公形象中必须仔细刻画的标志性细节。

后来曹操又送他赤兔马，关公对此意外开心，原因是宝马速度快，可以更快地见到兄长。曹操闻言内心很受伤。

再后来，便轮到绿袍出场了。

有一天，曹操看到关羽穿的绿锦战袍已旧，于是送他一件新袍，这关怀也真算是无微不至了。结果关羽把新袍穿在里面，外面仍然罩上旧袍。曹操还在笑他太过节俭，结果关羽的话让他一口老血喷出来。

关羽说："这不是我节俭啊，旧袍是兄长刘备赠我的，穿上它就像看到了兄长。"

如果此前关羽的忠义还只是概念化的、抽象的，等他说出这句话时，这"忠义"二字终于具体地、扎实地落在了这件绿袍上。

接下来，关羽一次次潇洒亮相，总是绿袍猎猎、长髯飘飞，青龙刀、赤兔马，其实光是想想这些颜色，都深有美感。

手起刀落之间，他便完成了白马坡斩颜良诛文丑的精彩一笔，从此也在江湖上留下一个传说。

传说还要继续往下写，随即，关羽迎来了人生最壮美的华章。

把大家耳熟能详的故事全部再说一遍显得格外啰唆，所以我只录个章回名目在此。即使不熟悉三国故事，光看回目的名称也可以想象了：美髯公千里走单骑，汉寿侯五关斩六将。

大概作者还生怕读者对关羽的形象认识不够清晰，但凡有他英雄孤胆的时刻，绿袍便总被作者适时地提起。

一次是"青巾绿袍"的关云长单刀赴会，一次是他亲自叫阵攻打樊城"斜袒着绿袍"以至于中箭，才有了刮骨疗毒却谈笑如故，让神医华佗惊赞"真天神也"。

再接下来，便是败走麦城的惨淡收场。此时正值冬日，草木萧瑟，即使英雄失路，他的这一袭绿袍仍然是天地间最鲜艳明亮的色彩。

所以没有绿袍，就不成关羽了。

斜披绿袍的关羽形象在画面上最大，这是古代绘画中为了突出主要人物的一贯做法。

左侧黑面虬髯的武将怒目圆瞪，一副不好惹的神情，这是关羽在过五关斩六将的途中收服的周仓，他有一项重要的任务就是作为近侍为关羽扛刀。

关羽败走麦城被杀后，周仓闻讯自刎而死，忠烈感人，因此他后来也被供奉在关羽身边。

关羽身边红衣服的是他的义子关平。关平此时大约四十来岁，因为他留着胡子，看上去和关公的年纪没什么明显差别。他的剑行将出鞘，很有威慑力。

下面那个上身袒露的俘虏咬牙切齿凶悍无比，一看就是个不怕死、脾气火暴的家伙。

他是曹魏的一员大将，名叫庞德。为表忠心和决心，他在出征之前便抬着棺材请命，意欲与关羽决一死战，倒确实是一员猛将。

很可惜，关羽巧妙地利用了当时汉水上涨的地利，掘堤放水，水淹七军，曹军统帅于禁和大将庞德不得不束手就擒。

于禁为了保命而投降，关羽好言力劝庞德降汉，庞德却大骂刘备，于是关羽愤而将他斩首。

画面上的庞德已几乎无法动弹，却仍然梗着脖子不肯服软，有性格！画家为了突出庞德的骁勇和决绝，笔法也相当夸张，甚至很有点漫画味道，日本浮世绘里的武士形象和他也很有些相似。

水淹七军是关羽作为将领取得的人生当中最辉煌的胜利，所以画面也对这位统帅的光辉极尽烘托。

画面中关羽的脸色比关平略深一些，为的是突出"面如重枣"，后来京剧中直接把关羽画成了大红脸，一方面是"写实"，另一方面更显得他是个情深义重的忠义之士。关羽的眉目画得细长,正是突出"丹凤眼、卧蚕眉",同时区别于其他武将睁得溜圆的金刚怒目,显现出他儒雅的一面。

少不了的自然是关羽那一抹飘动的长髯,气宇轩昂,青巾绿袍,神色威严,这就是关公的标准像啊。

我是真佩服画家的功力,画面上人物几乎和真人同等大小,线条俊逸流畅,色彩绚烂夺目,真是三国题材最精彩的代表作。

我更佩服画家的耐心,单说关羽身穿的这明艳细密的黄金锁子甲,就得花多少工夫啊。

这幅画出自明代宫廷画家商喜之手,据说是皇帝委派的任务,因为皇帝想要用这些忠义名将来激励臣子们效忠。

画家在绘制作品时《三国演义》已流行于世,画中关羽这个精彩的亮相,为他的形象大大加了分,他最后被崇为"武圣",这个形象应该是起到了一些作用的。

不过,关羽的地位并不是一开始就这么高,他的封圣之路走来也很艰难。

《三国演义》第七十七回，关羽被杀之后便在荆州的玉泉山显圣，一开始就给他带上了一点灵异色彩。

不过，过了几百年，南北朝时期的关羽仍然位列其他勇烈的武将队伍里，身份并无特殊之处。

唐代设定了武庙，武圣是姜子牙。关羽也进了武庙，只列于第三等，和他当年瞧不起的江东吕蒙、陆逊同列，诸葛亮都要高他一级。但不管怎么说，这也算是在封圣之路上迈进了一步。

后来僧人为了传播佛教，封关公为佛教伽蓝护法，也丝毫不管关羽愿不愿意。当然，结果就是关羽的地位慢慢高起来。

但是，离"武圣"还远得很。

宋朝又重新颁布了标准，重新选了配享武庙的人选，关公和好兄弟张飞因为不得善终而被请出武庙，直到北宋末年宋徽宗扩大了武庙的入选人员，他才又被请回来。

关羽本是山西解州人，当地道士们为了私利又请他出山，于是他又成了道教神灵。

关公这下子得照顾佛道两家了，还真忙。不过也不白忙，宋徽宗崇信道教，于是给了关公"武安王"的封号，关公的地位一下子高了一大截。

不过宋代地位最高的武将是岳飞，被谥为鄂忠武王，地位非关公所能望其项背。

这当然有道理，比起岳飞精忠报国的民族大义，关羽的忠义显得太过私人化。

到了明代，朱元璋直接废除了武庙，历代加封的这些所谓的"武王"也就因此被废除，唯独保留了岳飞。后来明代建历代帝王庙，选了三十七位名臣配享，岳飞自然名列其中，三国人物则只有诸葛亮一人。后来河南汤阴岳飞的故乡建了岳庙，皇帝特地御题"精忠之庙"，官方对于岳飞与关羽的态度真是天差地别。

但民间却不同。

明代中后期，关庙遍地开花，这也是因为他在道佛两界的"神异"身份。老百姓见神就拜，比起其他神佛，关公倒是显得更加"平易近人"一些，这也和当时《三国演义》流行有很大关系。

明代后期的万历皇帝也是个道教爱好者，所以他也大大提升了道教神仙关公的地位，封他为"关圣帝君",和"岳圣帝君"同列。现在的关庙都称"关帝庙",就是从此时才叫开的。

到了清代,关公终于等到了他的"超级粉丝"。

清军入关前,《三国演义》就是满人的军事教科书,关公也成了他们敬奉的战神,顺治皇帝在入关之后封关公为"忠义神武关圣大帝",后来皇帝们又不断加封,给了他一个宇宙无敌超级酷炫的封号:忠义神武灵佑仁勇威显护国保民精诚绥靖翊赞宣德关圣帝君。

一口气念得完算你厉害。

到这个时候,岳飞的地位已经被关公后来居上。

当然,这也是由清代皇帝的特殊身份决定的。

清政权对于中原汉族而言属于"异族",他们自然会排斥岳飞这样抗击异族的人物,雍正皇帝还把岳飞"请"出了武庙。对于清代的统治者来说,关公身上的忠义却很得人心。所以,一方面是民间旧有的信仰,另一方面是当时朝廷有意的引导,关公的地位被越抬越高,清政府很满意。

民国时期,岳飞重新被抬出来,政府正式下令海陆将领祭祀岳飞,因为这个时代的主调是驱除鞑虏和抗击列强。

再后来，奉关公为武圣的倒很少了，大家都奉他为财神。据说因为山西人出门总求这位老乡保佑，由于护佑得力，关公也就顺势被封了财神。

当然，他的忠义和诚信，也是生意人必须具备的基本素质。

明

一团和气图

年轻天子的美好愿望

中国历史上能书擅画的皇帝不少，亡了国的宋徽宗在"皇帝艺术家"里位列榜首；明代的宣德皇帝朱瞻基紧随其后，画动物也很有一手；到了他的孙子成化皇帝朱见深，竟然在十八岁刚刚登基的时候创制出一种有趣的图式来。

朱见深创制的这种新样式就是这幅《一团和气图》。

这幅图没有背景，画面正中盘腿坐着一个体态浑圆的弥勒佛，确实是"一团"，他咧嘴捧腹的样子也确实"和气"，这幅画起码还是名副其实的。

不过只要稍微较点真，你就会发觉弥勒的形象有点别扭——脑袋过于宽大，双臂又出乎意料地短，总之就是很不协调。

即便作者是皇帝，这幅画就艺术水准而言我们也实在很难为它"点赞"。

不过，如果你了解了画中暗藏的玄机，就一定会佩服这位刚刚登基的少年皇帝心思细腻了。

再细看看这幅画，画面上出现的并不是一个人，而是三个人。作者要把他们强行塞进一个形象里，才会

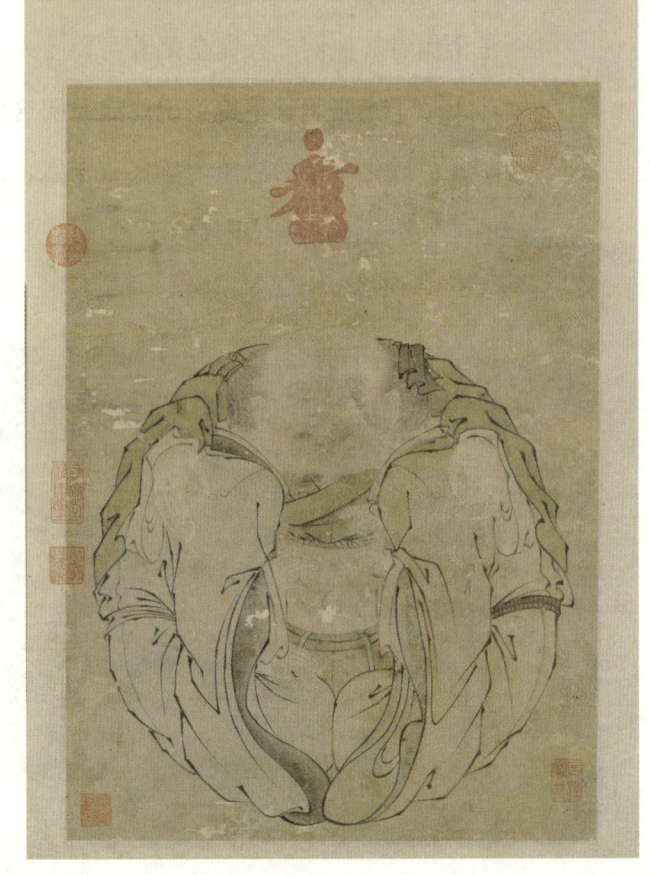

朱见深《一团和气图》
明
北京故宫博物院

呈现出这样局促变形的效果。

　　画面其实分了三个部分，中间的确实是弥勒佛，但他其实是由一左一右两个几乎对称的对面躬身而立的形象组成的。

　　左边的戴着冠，可见是个道士；右边的包着头巾，是个儒者。他们二人完全侧着身，一人为弥勒佛的面部贡献了半张脸。不得不说，能发明这样一种奇特的图式，成化皇帝的想象力确实很丰富，这种人物"画中画"甚至还很具有现代感。

中间是佛

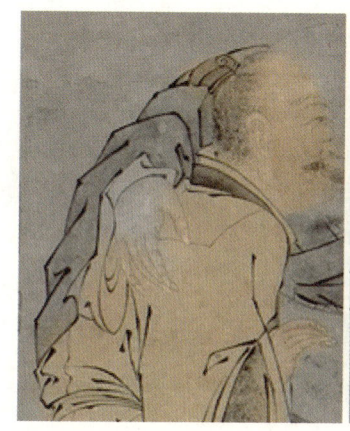

左边是道，右边是儒

　　皇帝画这样一幅画并不是为了好看，也不是为了在艺术史上留名，他发明这种样式，目的很明确，就是为了他的江山稳固。

　　你看，光是选择这个题材就能看出皇帝的心思，他是希望君臣一团和气，国家一团和气。不过，反过来想，他既然这样强调和渴望一团和气，可能现实中是不大和气了，一般来说不是缺什么想要什么吗？

　　是的，他缺的就是和气，这么些年来，他感受的怕是只有戾气吧。

无情最是帝王家，朱见深很有发言权。

事情还要从他父辈的历史说起。

朱见深的父亲英宗朱祁镇在土木堡一战中想要御驾亲征，为防不测，出征前他立了两岁的朱见深为太子，让弟弟朱祁钰监国。结果英宗被北方的瓦剌俘虏，瓦剌挟英宗向明朝提出无理要求，为了让瓦剌打消这个主意，明朝廷便坚定地拥立了朱祁钰为皇帝，遥尊英宗做了太上皇。

不按常理出牌就是狠！

本来朱祁钰只是代行大权，但一朝大权在握，便再舍不得放手。朱祁钰当皇帝很快就上了瘾，不仅自己当，还要把权力传给自己的儿子，于是他废掉了朱见深，重立了自己的儿子为太子。如此幼年的废太子朱见深，能够活下来已经是步步惊心了。

大概也正是从这一刻起，平平安安过日子的渴望，在他一生当中都体现得格外强烈。想来也只有这样在缺乏安全感的环境中长大，特别渴望平静的人，才会选择"一团和气"这样的题材。

另一边，英宗并没有死，对于当朝皇帝来说，这也是个伤脑筋的事，毕竟是个不确定因素啊。

瓦剌看明朝完全弃英宗于不顾，知道他没有了利用价值，于是决定把他放回来。

有人说这是瓦剌多次进犯无果意欲求和的无奈举动，不过不管是不是成心的，这都是一着狠棋，和当初明朝一样。可想而知，这个消息对明朝宫廷内部的杀伤力有多大。

不过朱祁钰还是不情不愿地把哥哥迎了回来，毕竟他只是"代为行权"，不能落人口实，而且他此时确信自己的大权已无人能够撼动。

这位太上皇终于回了宫，只不过是被圈禁在南宫，整整七年。

七年，我相信英宗没有一秒钟不在思念着前朝里他曾经安坐的龙椅。虽然他被锁深院不能见外人，但有人清楚地知道他内心的汹涌翻腾，因为从不会有人忘记对权力的争夺，不管是帝王还是臣子。

朱祁钰在位的第八年，突然一病不起，先前重立的太子也已早夭。此时的大权落入谁手，自然免不了一番苦斗。旧臣倒比皇帝筹谋得更远更深，他们来到英宗被困的南宫，迎立他复位。

如果是影视剧，当夜一定会是电闪雷鸣大雨滂沱，这样的天气用来渲染这一场"夺门之变"的惊心动魄最合适了。

第二天一早，云消雨霁，百官等候上朝，惊讶地听闻宫中钟鼓齐鸣，方才得知太上皇已经复位。

朱祁镇又重新坐回了他的龙廷宝座，距他离开的一刻已经八年了。

他重新成了这里的主人，他的儿子朱见深也就再次成为了太子。

复位的皇帝用同样的方式惩罚弟弟朱祁钰，把他圈禁在西苑。朱祁钰不久便离开人世，英宗还要让他留下身后恶名，赐他谥号为"戾"。

这几番重大的转折或许让英宗的人生太过紧张劳碌，所以他最终只享年三十七岁。

此时朱见深十八岁，他继位后改年号为成化。

成化元年六月初一，新皇帝画了这幅画，平复了父辈因为权力交替而带来的血雨腥风与人心惶惶，他承认了自己叔叔的地位，也为因拥立朱祁钰而被英宗杀死的于谦平了反。一切紧张都过去了,用一团和气冲散戾气,大家都一团和气吧!

不仅朝廷如此,他希望天下也都如此,所以也就特别发明出了一个儒释道三家合而为一的形象。

这个形象其实出自一个典故:

传说在东晋的时候有位高僧法号慧远,为了潜心佛法,他立了一个誓约:绝对不会送客过虎溪。有一次,与慧远交好的陶渊明和道士陆修静来拜访。三人谈得投机,慧远送客不觉一程又一程,直到听见林中虎啸,

朱见深的爷爷、明宣宗朱瞻基的《武侯高卧图》
北京故宫博物院

才发现自己早已过了虎溪的界线。三人抚掌相视而笑,这便是著名的"虎溪三笑"的故事。

后来,故事流传开来,恰好成为佛、道、儒三教融合的最佳代言。

故事据考证纯属子虚乌有,三位人物连生活的年代都对不上。朱见深在乎的显然也不是故事的真假,因为他无非是借这三教和洽的典故来阐发他自己的心愿,他在题赞里写得明明白白:"三教一体,九流一源;百家一理,万法一门。"

一个少年皇帝不希望用铁和血来安邦定国,而是通过绘画劝诫天下诸人"忘彼此之是非,蔼一团之和气",真是相当温柔可爱的做法。

明

墨葡萄图

悲惨的画家，狂放的画作

中国历来不乏狂狷的文人，不过能够狂到家喻户晓妇孺皆知的还是不多见，数来数去，徐渭一定位列前三。

当然，这样的人都是天纵奇才，站在云端的他们难为世人所理解，于是他们无边的孤独在世人眼里便被演绎成恣肆的狂诞。

可怜，命运似乎总是格外苛待这样的天才。

徐渭父亲在他出生百天后就去世了，母亲因为是小妾，又被正室赶出家门，致使他从小就没有尝过亲情的温暖。

或许是因为命运夺走了他本该享有的温暖，于是作为补偿赋予了他卓绝的才华。

徐渭六岁读书，过目成诵；九岁能文，声誉遐迩；十二岁学音乐戏曲，便能唱整本的《西厢记》和《琵琶记》；十五岁研习骑射剑术，胆识和韬略过人⋯⋯

看上去，这是个多么光芒四射、前途灿烂的年轻人啊！但没人想得到，才华过人或者才是一种意外的痛苦。

因为太过聪颖和敏锐，他对人情人性就更加洞悉，对自我的期待和要求也更加追求完美。可是，老天偏偏喜欢开玩笑，这样一个才智过人的人，竟然会一再遭遇常人难以想象的磨难。

徐渭和天下读书人一样，甚至比同时代的读书人更加满怀信心，期待借着自己一身文武艺，从此便可在修齐治平的大道上一路狂奔。

徐渭二十岁的时候中秀才，一切看上去尽在掌握，但他想不到的是为什么后来的路会越走越难。中举，成了一件不可能的任务。

屡试不中的他从未怀疑过自己的才华，当然，他无须怀疑，但现实的打击却是实实在在的。在这样的境况之下，他便愈显孤高，愈显怪诞。

明代这样的才子不少啊，早他半个世纪的唐伯虎，其实比他还要无辜。

不过，徐渭的经邦致仕心倒从没有冷过，他的声名一直很响亮，三十七岁的时候，应邀出任了浙江总督胡宗宪的幕宾，参谋机要。

他屡出奇计，一举打败了沿海倭寇，宝剑出鞘，寒光便能化作照亮天际的闪电。

这个亮相相当不错，徐渭也深信自己这颗遗珠一定

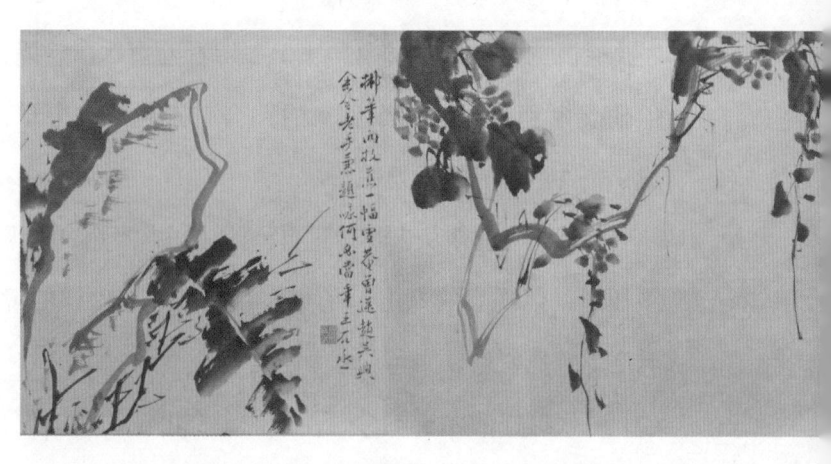

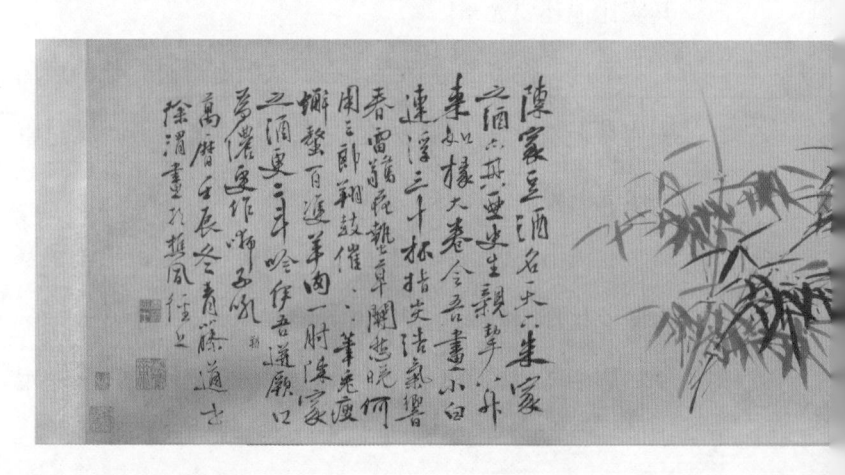

徐渭《墨花九段图卷》，明，北京故宫博物院

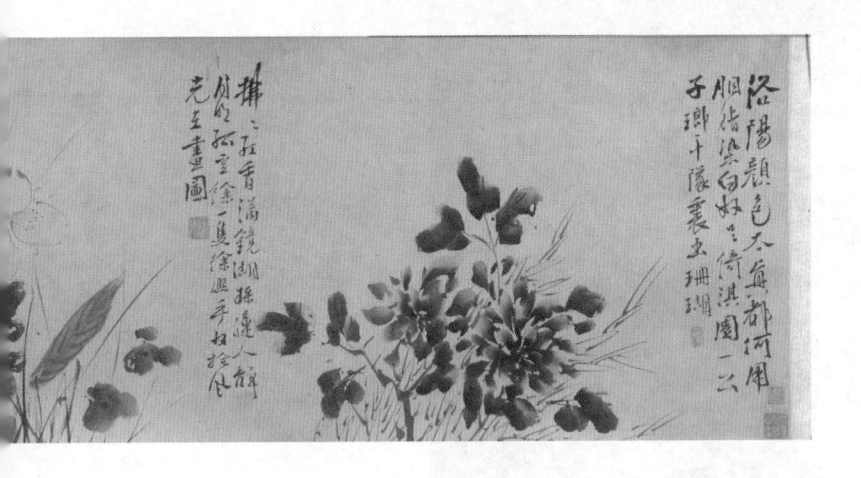

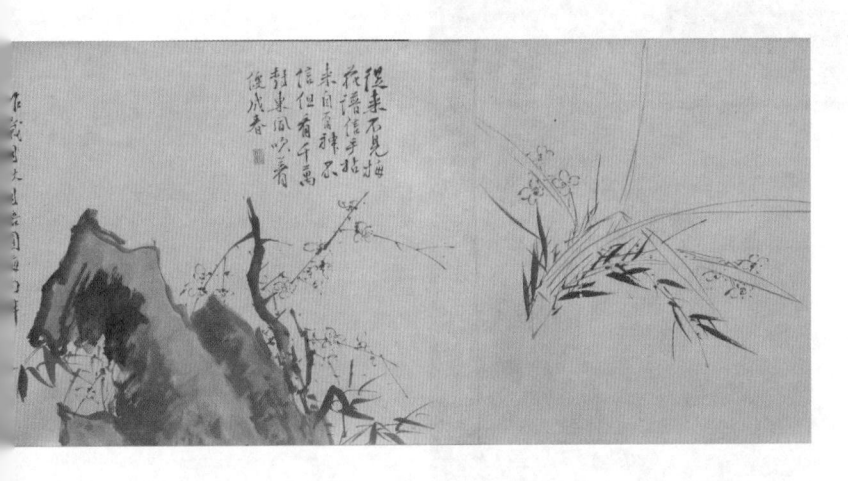

洛陽顏色太嬌都耐用
胭脂染白妃子倚欄閒一二
子琊十隊裹玉珊瑚

擬元玉畫圖
拂之在香滿鏡湖揀連人醉
月明孤宿徐一隻徐興半如羚羊

提來不見時
花譜信手拈
來自厭排不
住但看千萬
樹東風吹着
候成春

繞蛭有尾顏單陸山鳳石頸
我日戚輸與襄擒三十尺春來此
困一雷驤

蘭亭蘭種趙王蘭鋓張弘晝
天水傳近日聲名戚束一畫不偶
玉玉鏡

徐渭《墨葡萄图》
明
北京故宫博物院

能被重新迎入朝廷。

可惜他遭到的总是命运的捉弄,胡宗宪因为牵涉当时权相严嵩的大案而被查办,徐渭只能重新寻找机会。这一次,他应礼部尚书之请前往京师。

不过,并不是人人都能像胡宗宪那样给予恃才傲物的徐渭无条件的信任和尊重。这一次北上,徐渭平素的这些"性格"全部成了缺点。内心孤傲的他受不了这样的打击,加上此时胡宗宪身亡,原先的幕僚也受到牵连,数重打击之下,他精神失常以至于发狂,一心求死。但即使这样,他却仍然活了下来。

后来又经历种种,在监狱中度过七年岁月。在诸位朋友的奔走解救之下,徐渭于明神宗即位大赦之机获释。

这是1573年,此时的徐渭,五十三岁。

波折惨恻的半生过去,到了他画下《墨葡萄图》的时候了。

画上的题诗中,他显露了心迹:"半生落魄已成翁,独立书斋啸晚风。笔底明珠无处卖,闲抛闲掷野藤中。"虽然仍然那么不甘,仍然桀骜不驯,但已经读不出狂呼怒啸的态度来。

他的狂和怒，早已在心中熔炼了百千回，于是全数化为了元气充沛的笔墨。

没有经历过人生这诸般无常的起落，没有在生与死的边缘往来穿梭过许多回的人，是不可能产生这样的灵感的。他的笔墨是刀斧，是雷霆，挟着那一腔英雄失路的激愤和托足无门的悲凉在纸上奔突，在天地间激荡。

作画之时，他仿佛在战斗，与自己，与天地。最后，他筋疲力尽，却大获全胜。

于是，每一笔老辣奇崛的书法，每一片水汽欲滴的叶子和果实，都因此而颤抖。

画面上淋漓的仿佛不再是笔墨，而是鲜血！

这便是大写意啊！

徐渭是少有的开宗立派的艺术家，也是中国文化里少有的全才，离开美术史，走到文学史、戏剧史里，都可以与他数次相遇。

这样的天才，世所罕见。

出狱后的徐渭又在人间活了二十年，但总不离潦倒、困顿和狷傲、悲狂。最后，据说他离世之际，唯有一条狗与他相伴。

天才的不幸，却是凡人的大幸。世间如若少了这纵情决绝的灵魂和这意气风发的笔墨，该是多么无聊。

由于徐渭的才华令世人绝倒，所以我们如今回望，对他的性情从来不吝褒扬赞美，愤世嫉俗、蔑视权贵，成为他身上最闪亮的标签，除了艺术成就的卓绝以外，人们一定要让他的人格也格外完满。其实究其一生，他的愤然也多半是出于对个人际遇的不满，而未必有太多兼济苍生的情怀。

不过，徐渭只靠才华，便轻易赢得了一群后世的"忠实粉丝"，这每一位粉丝，都堪称大匠宗师。

一位是清初四僧之一的石涛，他说："青藤笔墨人间宝，数十年来无此道。"

一位是清中期的郑板桥，他自称"青藤门下走狗"。

一位是清晚时期的吴昌硕，他说："青藤画中圣，书法逾鲁公。"

一位是民国的黄宾虹，他说："绍兴徐青藤，用笔之健，用墨之佳，三百年来，没有人能赶上他。"

最著名的一位是齐白石，他作诗："青藤雪个远凡胎，缶老衰年别有才；我愿九泉为走狗，三家门下转轮来。"

银方斗式杯

明

端起这样的酒杯,谅你不敢说『干杯』

我相信看过《红楼梦》的读者，一定会对刘姥姥二进大观园这一回记忆犹新，大观园里淘气的主人们对刘姥姥的各种捉弄，扎扎实实地展示了一回这个鲜花着锦的贾府武装到牙齿的富贵。这场欢宴会上的许多细节，也就令读者唇齿留香了。

诚如鲁迅先生所说，不同的人在《红楼梦》里看到的绝对是全然有异的东西。不过在这一回，读者们看到的或许会比较一致些吧，那些挖空心思设计出来的酒食饭菜，一定是大家关注的焦点。

最出风头的自然是那道"茄鲞"，它让后世无数的"吃货"神往之至，于是不断有人如法炮制，只是据说味道其实很不如工艺这般令人叫绝。

不过，我第一次读到这一段，印象最深刻的倒是刘姥姥用的酒杯。

刘姥姥在席间很是兴奋，还双手比画着行酒令，又生怕失手打碎了瓷杯，于是请凤姐为她换一个木头的，纵是打碎了也无妨。

刘姥姥是穷人家出身，对一个瓷杯如此小心翼翼实在是很符合她的身份。

可是，对于贾府这样的高门大户根本想都不会想到这一层，所以刘姥姥的担忧对于凤姐来说，倒恰像是一个提醒，让她生出一个捉弄刘姥姥的新主意来。

于是凤姐和鸳鸯一合计，把"黄杨根整抠的十个大套杯拿来，灌她十下子"。这当然也是又一次花式炫富。

因为这样的杯子实在是很少见，刘姥姥算是个"有见识"的，也见过金杯、银杯，却根本想不到这木头杯子会是什么样。

待套杯拿上来，"刘姥姥一看，又惊又喜：惊的是一连十个挨次大小分下来，那大的足似个小盆子，第十个极小的还有手里的杯子两个大；喜的是雕镂奇绝，一色山水、树木、人物，并有草字以及图印。"

在这一套杯子面前，任凭如何的海量，也不敢随便说能够"打通关"了。

凤姐的捉弄自然是得逞了，后来贾母、薛姨妈等人怜惜姥姥年岁已高，只让她喝了最大的那一杯，这已经醉得她东倒西歪，才有后来误入宝玉怡红院的事，又是一场热闹。

我小时候是从没见过套杯的，直到后来，我看到了十多层的俄罗斯套娃,才想起这套杯子应该和它类似。

不过,套娃不如这套杯子精巧,做不到雕镂奇绝,更不会有山水、树木、人物这么丰富的图案。

因为没见过这种套杯的实物,所以我一直认为这是出自作者的想象力,竟然在杯子上做出了这样精致的文章。不过,直到发现故宫收藏着这么一套银杯,才知道这样的套杯,其实是有传统的。

这是明代的一套银制方斗杯,从大到小一共十二件,套装得严丝合缝。最大的口径 8.2 厘米,底径 4.5 厘米,高 4.2 厘米,容量超过 150 毫升,也就是三两酒;最小的口径 4.5 厘米,底径 2.5 厘米,高 2.8 厘米,只有大约 33 毫升,不足一两了。

一套杯子挨个下来,就要喝下去两斤多了。

中国古代的粮食酒度数不高,但这套杯是明代的,这个时代烧酒蒸馏技术早已成熟,所以白酒纯度和我们现在的酒差别已经不大了,再这样喝一套,不是真正的海量完全无力承受。

所以,即便是在唐代能"会须一饮三百杯"的李白,要是穿越到明代,面对这一套杯,可能也会发怵了。

银方斗式杯
明
北京故宫博物院

最大的那一只,内壁刻的是"西园雅集"的场景。

还有宋代的好汉武松在景阳冈连喝十八碗后乘兴打虎,换作明代的白酒,大概就是老虎把他吃了,他都醉得没有一点感觉。

所以,我想这套杯子其实大多数时候应该也是被束之高阁,和贾府的那一套木杯一样,如果不遇到极其特别的场合,它是不会露面的。

这套杯子除了"酒量不小",设计也很别致。内壁是浅刻的山水人物图景,四壁的画面都是连接起来的,能够组成一幅故事画。

更有匠心的是,每一只杯子内壁刻的图案都不相同,却都是历史上关于喝酒的著名场景。比如魏晋时期最负盛名的"竹林七贤";东晋王羲之做东道的著名聚会"兰亭修禊";唐代白居易、胡杲等"香山九老"在洛阳龙门寺聚会;宋代驸马王诜在自己的宅第邀请苏轼、黄庭坚、秦观、米芾等人参加的"西园雅集"等等,既有古意,又有情致。

被这样的套杯灌醉,大概也是心甘情愿的吧。

到了清代,我们偶尔能见到的套杯,以瓷杯居多,并有人物故事画为装饰,但这种瓷套杯几乎都为圆形。要知道,对于瓷器来说,方斗式的造型制作起来比圆形要难得多,更何况还要严丝合缝地成套。

还有木杯。

在北京故宫和台北故宫都收藏着十七世纪作为外交礼品由西方传入的木杯,多的一套达上百件,外面还有专门的匣套用来收纳。

这些套杯几乎没被用过,因为实在没人有如此雄豪的酒量啊!

当然,风雅的古人,尤其是文人大概并不屑于比拼酒量,所以他们便在酒杯的造型上下功夫。其中最成功应该数元代一件朱碧山款银槎杯,这杯制成了一位道骨仙风的老人斜倚枯槎读书的造型,为酒杯平添了许多仙气,而且成功地将酒杯伪装成了一件精妙绝伦的案头摆件。

用这样的银槎杯饮酒,饮的想来必定是玉液琼浆了吧。

朱碧山款银槎杯
元
北京故宫博物院

清

银镀金浑天仪

皇帝们的科学爱好

我们都知道，中国古代科学研究和发明创造在世界上一直处于领先地位，四大发明就不用多说了，还有我们熟悉的勾股定理、圆周率，中国在天文学、地理学、建筑学、造船航海等诸多领域取得的成就，都令世界仰望。

可惜的是当西方现代科学迅猛发展之时，中国的科学研究却进展缓慢，曾经的辉煌散失净尽，以至于全面落后于西方，我们这个古老的国度，也曾因此遭受了前所未有的重创。

对此，专制帝王的故步自封、妄自尊大、愚昧颟顸当然要负主要责任，但我看到清宫旧藏的那些精密的科学仪器时，却不禁有点恍惚。

这些都是当时最先进的西洋仪器，主要涉及天文、地理，这也是当时欧洲引以为傲的尖端科学，比如七政仪、浑天仪、天球仪、象限仪，还有手摇式计算机。

看来，皇帝并不是不了解西洋的先进科技，甚至还对它们颇有些好奇心，那么，问题究竟出在哪里呢？

到底是什么，让我们华夏大地的命运会急转直下？

事情还要往前说起。

明代万历二十九年，公元1601年，一个名叫利玛窦的意大利人面见了皇帝，或许从那一刻起，命运的轮盘就已经开始悄悄转动起来。

利玛窦来北京的目的是传教，不过，他在写给万历皇帝的奏疏中说是来"贡献土物"的。这些"土物"，就是耶稣与圣母像，还有一些科学仪器，比如天球仪、星盘、黄道经纬仪等等。

顺便说一句，1601年，意大利本土的科学家伽利略三十七岁。

利玛窦千挑万选的"土物"却根本没能打动万历皇帝，因为皇帝的出发点只有一个，就是能不能利于他的江山一统万年。所以根据皇帝的喜好，利玛窦很快调整了思路，他找到了一个切入点——历法。

历法在中国古代帝制封建社会有特殊的意义。所谓"天时"，也就只有"顺天授时"的天子才能制定和颁布，所以它也成为皇权正朔的标志之一，任何胆敢私造历书或者私习天文的行为，都会被认为是对皇权的觊觎。

历法不仅是国朝的形象，关乎国运，更重要的是，在农业社会，历法更是直接关乎民生，所以它的准确性和权威性是关键。

虽然中国的农历纪年法在当时看已经相当科学完备，但仍然存在许多错漏。到了万历年间，钦天监用旧历测定日月食不准，加上二十四节气与实际情况常有较大出入，此时恰有了外来的"和尚"带来了西历，于是利玛窦和我们中国的科学家徐光启一起以历法为入手点，在皇帝的支持之下展开了"科研"工作。

银镀金浑天仪
清
北京故宫博物院

（聂鸣／FOTOE）

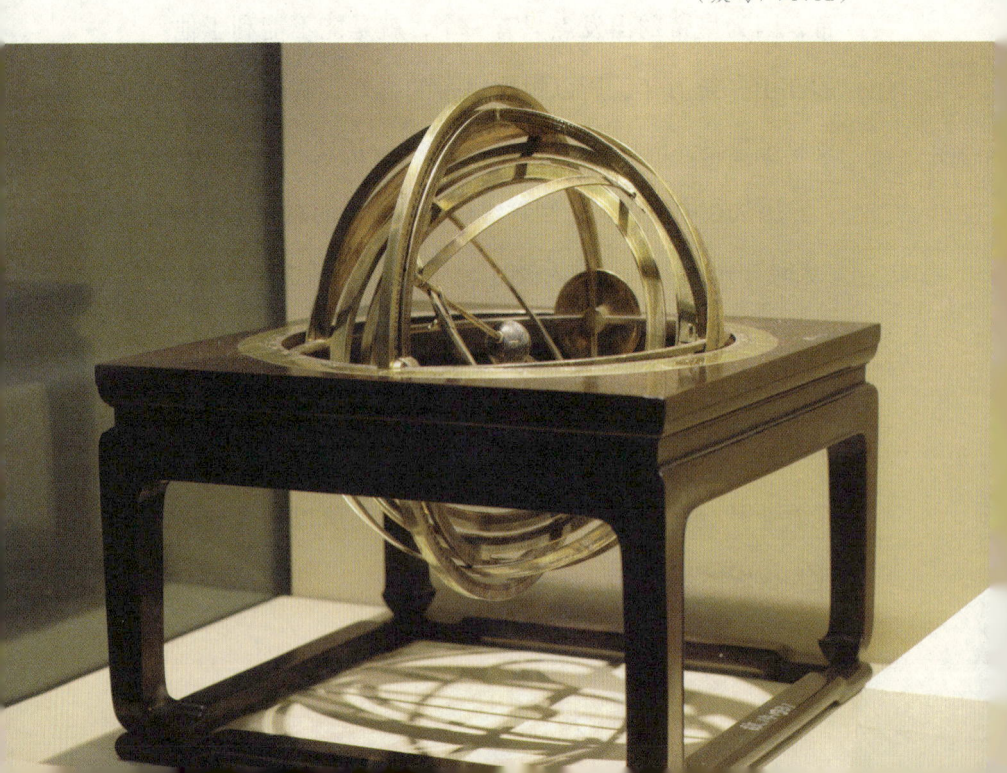

历法的修订工作历时漫长，也受到中国官员的质疑，几经挫折。到崇祯年间，钦天监测量日食再次失误，而徐光启依西法测量的却相当精确，重修历法的工作才又重新全面展开。

到了崇祯七年，历时五年修订的历法终获颁行，名为《崇祯历书》。这部历书引入西方的天文、数学理论，大量参考了哥白尼的《天体运行论》，在西方也很有名，甚至被画进了欧洲十七世纪的油画当中。

除了修订历法，传教士和中国官员还倾力翻译了许多科学论著，包括《几何原本》《测量法义》《同文指算》等等。

当然，皇帝容纳西方技术还有更加实用的目的，那就是对火炮的直接需求。

明代晚期，女贞的崛起对于明朝统治造成了极大的威胁，所以明末的天启、崇祯二帝大量购置火炮，还主动派人到澳门招募精于火炮的洋人，当时的传教士汤若望也奉命为皇帝铸造火炮。

不过，历书和火炮并没有挽救大明的江山。当然，这不是历书和火炮的错。

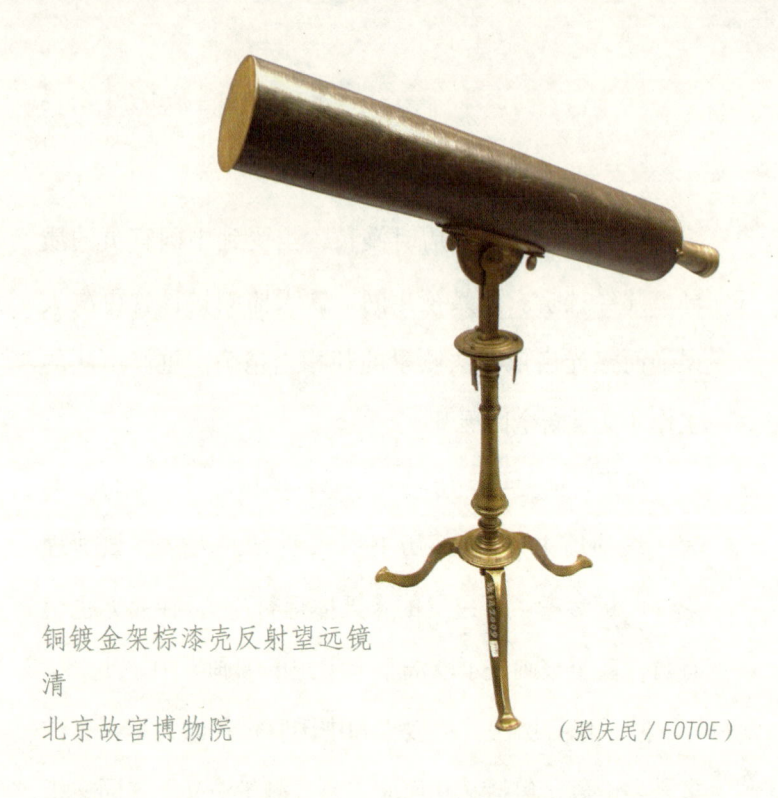

铜镀金架棕漆壳反射望远镜
清
北京故宫博物院　　　　　　　　　　（张庆民／FOTOE）

朝代更迭，明亡清兴，新一朝的统治者见识过科学的力量，所以他们不仅不排斥，而且给予了很高的礼遇。

为崇祯皇帝修历书的"遗臣"汤若望向新的统治者展示了科学的神奇，并且靠他制造进献的"浑天星球一座，地平、日晷、窥远镜各一具，并舆地屏图"获得了赏识，他因此被封诰为三代一品大员。

到了康熙时期，科学的春天终于来了！

这位"千古一帝"对待西学的态度极为宽容，热情迎纳。他不仅欢迎实用的科学技术，也包容西来的宗教。

康熙皇帝自己专志于天文历法二十余年，并以学习西洋历法为开端，全面学习了西方科学甚至人文知识。他学习过天文、数学、地理学、医学、哲学，对音乐、绘画也都有涉猎，尤其对数学和天文学兴趣浓厚。

当时传授西学的"老师"曾经描述过康熙学习几何时的情形："皇上认真听讲，反复练习，亲手绘图，对不懂的地方立刻提出问题，就这样整整几个小时和我们在一起学习，然后把文稿留在身边，在内室里阅读。同时，皇上还经常练习运算和仪器的用法，复习欧几里得的主要定律，并努力记住其推理过程。这样学习了五六个月，康熙皇帝精通了几何原理，取得了很大进步，以至于一看到某个定律的几何图形，就能立即想到这个定律及其证明。有一天皇上说，他打算把这些定律从头至尾阅读十二遍以上。"

真是个刻苦钻研的好学生！

康熙皇帝不仅在宫廷里认真研习，就是外出巡行也惦记着功课。

1682年他巡行辽东，在夜晚宿营时都要拿出几年前给他制作的小型星座图表，依据星的位置说出时刻，这已俨然是训练有素的"科学工作者"了。

康熙的科学素养远不止这些,他还是个"测绘能手"。

康熙皇帝还使用数学仪器进行实测,"有时测量某座山的高度,有时测量某个显眼地方的距离"。

在进行这些测量的时候,随驾的大臣们都充当了围观群众。若不是信心十足,皇帝大概也不好随便拿自己的面子冒险。当然,康熙的测量总是很准确,让一帮朝臣拜服不已。

在治理黄河的过程中,康熙皇帝也亲自上阵,测量水位、堤坝的高度,计算水流量,钦定治理措施。

更要紧的还有地图测绘,历代帝王都极为看重。自己的江山到底有多大,是什么样子的,对于一位皇帝来说,这可不能是一本糊涂账。

在康熙年间测绘的《皇舆全览图》就是由皇帝组织并且偶尔还亲自带领、过问的团队进行的全国实地测量。测量工作历时十一年,成就了亚洲当时最好的地图,它也成了民国初年国内外出版的各种中国地图的蓝本。

康熙皇帝还真是妥妥的全能型理工男!

皇帝自己都是如此的"学霸",周围的臣子们见了也不得不拿出学习的热情来。

特别是由于皇阿玛如此刻苦勤奋,皇子们也就得表现出更加努力的样子了。其实皇子们也不敢不努力,因为皇阿玛很可能随便就甩过来一题,所以诸位皇子得随身携带计算表以备应对。

想不到当年九王夺嫡还要考数学,确实是不容易了。

这股风气自上而下,让整个社会掀起了一派学习科学的热情,也涌现出一大批各科专家,成就卓越。

如此看上去,现代科学在清代,真是全面绽放、花团锦簇了。

但是,如果科学的发展和推行是建立在皇帝个人好恶的基础之上,那是非常危险的。恰恰很不幸,中国的现代科学发展,就是如此。康熙皇帝对科学的取舍全凭心情,有好奇心的就得以介绍,他自己不懂的就认为无用,这种对科学的接纳其实又是很偏颇的。

西方科学在中国民间的基础更加薄弱。

根基深厚的儒家思想永远提防着"以夷变夏",所以对于西方的思想和科技永远持怀疑态度，即便后来稍有接纳，也固执地坚信这不过是"西学东源"，也就是说这些西方科技的老祖宗仍是我们东方，任凭你再精妙再神奇，也不过是"奇技淫巧"。

在这种既酸溜溜又无比傲慢的土壤之上，看似繁荣的科学之花注定极为脆弱，不堪风雨。

果然，康熙的继承者雍正皇帝与爱好科学知识的康熙帝截然相反，他对科学知识毫无兴趣。

由于雍正对天主教颇怀恶感，于是祸及了同源于西方的科学技术。中国与现代科学刚刚形成的些许共鸣，便很快冷寂了下来。也正是从这一刻开始，清代不可避免地走上了加速衰颓的道路。

乾隆时期，西方势力在全世界勃兴，迅猛的扩张让清廷备感压力，最省事的办法当然是关起门来，眼不见为净。

乾隆帝虽然热衷于效法乃祖康熙帝，但二人不可以道里计。乾隆只喜爱西洋的奇巧器具，乾隆时期内府制造了一件灿烂奢侈的科学仪器——金嵌珍珠天球仪，这件纯金制造的科学仪器与其说是为了科学研究，不如说是为了满足皇帝奢华的爱好,至于仪器如何使用,他并不关心。

还有一例更能说明问题。

1793年,英国使臣马戛尔尼来访,向乾隆进献的礼物中有天体运行仪、地球仪、望远镜、透镜、气压计等,有当时最先进的蒸汽机、棉纺机、梳理机和织布机,还有"大规模杀伤性武器"步枪以及装备有一百一十门火炮的巨型战舰模型等。

现在,许多仪器都留在故宫,反映了当时最新的科学研究和制造技艺。即使是现在看来,这些仪器也仍然极为精密考究,只可惜它们当时还是难入天朝上国皇帝的法眼。

至于步枪等物,甚至直到圆明园被抢掠才被打开,而打开它们的正是英国士兵。

何等讽刺!

鸦片战争一炮打醒了沉睡的古老国度,那些"西学东源的奇技淫巧"想不到竟然如此无坚不摧,曾经的自信消磨殆尽,一场全盘西化的大变革也从此开始。

清

乾隆大阅图

中西合璧的皇帝像

我们会根据使用功能和场所的不同，拍摄证件照、生活照、艺术照，在没有摄影术的年代里，绘画一直承担着记录图像的功能，自然，古代的皇帝也会有若干不同的画像。

纵观历史，所有的皇帝无一例外至少都会有一幅正襟危坐的全身画像，有些朝代的皇帝穿着低调的常服，有些则穿着威严的朝服。这些帝王像被用来张挂在宗庙里，供后世瞻仰，这算是帝王的标准照。

有些皇帝的标准照不止一幅，除了全身像还有半身像。当然，不管是什么形态的画像，皇帝们的相貌都保持了完全的一致性。

如果遇到业余生活比较丰富的皇帝，时常还会留下"生活照"，比如宋徽宗在《听琴图》中一身道袍抚琴，下首大臣恭谨敬听；乾隆皇帝在《是一是二图》中则是鉴赏古玩。

除此以外，历代皇帝们还有一种"艺术照"，比如这幅《乾隆大阅图》，画家极尽所能，将乾隆皇帝的形象美化到了极点。

这是乾隆皇帝二十九岁时在京郊的南苑大阅兵时的

情景。

按理说这是实录性的作品,也是皇帝的戎装像,但由于画面实在太光辉夺目,皇帝的形象也太英武霸气,一切都美化太过,画面反而就显得有点失真。

一眼望去,画面色彩很绚丽,皇帝华服明艳、盔甲晃漾,让人不敢逼视。画中人与真人几乎等大,策马扬鞭、神采飞扬,果然是皇帝唯我独尊的气场。再没有哪一幅帝王像,拥有这样炫目的效果。

乾隆皇帝的脸被头盔包裹,只刚刚露出五官,虽然谈不上多英俊,但正面光源忽略了应有的面部阴影,突出了五官,看上去越发显得光彩照人、英气勃勃。

仔细看,皇帝被画家不动声色地美化了身材,基本上是按八头身的比例来画的,这正是古希腊雕塑家探索出的完美的身材比例。

马儿也跟着皇帝沾了光,身姿雄健、毛色滑亮,半点瑕疵也没有,由于画面上连阴影也没有,看上去这一人一马倒像是飘浮在空中似的。

再看其他细节,画得也不能更细致了。

锦盔上的盘龙、雕鞍上的宝石、箭翎上的花纹,再小再不起眼的地方都被画得精细入微，马儿的鬃毛更是被画得丝丝入扣、细密蓬松，这几乎达到了相机都做不到的程度。

背景也秉持了这种认真劲儿，丝毫不松懈。

近处的坡草植物画得很写实，有如植物图谱一般精准。

头顶的蓝天和白云也描绘得很细腻，很有质感。

要说唯一一处不那么逼真的，就是远处的坡石了，这是中国传统的画法，土石堆积的笔法显得有点程式化，这也透露出一些中国山水画的皴法趣味。

如果没有这一点坡石，这幅画几乎就和油画无异了。不过，这确确实实是一幅中国画。

不妨回忆一下，在中国绘画史上，还真没有人这么画过呢。

确实啊，因为这位画家的身份本来就格外特殊。

为乾隆皇帝创作这幅"艺术照"的画家名叫郎世宁，不过他的真名叫作朱塞佩·伽斯库里奥内，哦，这是个外国人！

郎世宁是意大利人，他和早期来到中国的绝大多数

郎世宁《乾隆大阅图》
清
北京故宫博物院

外国人一样，也是为了传教。

郎世宁到达中国那年是康熙五十四年（1715年），因为画技不错，加上康熙皇帝觉得他的西洋画法很新奇，可以把人真正画到栩栩如生的程度，所以便让他当了宫廷画师。

这一当，就当了五十年，历经康、雍、乾三代。

郎世宁是个聪明人，很快就发现了中国艺术的特殊意韵，而且他了解到中国的皇帝和官员们并不太喜欢纯粹的西洋画法，便潜心研究，最后还真研究出了一种结合中西画法的绝妙方法，既保留了西洋绘画技法中原有的透视、明暗和色彩，又适当根据中国人的爱好进行了变化。

这幅《乾隆大阅图》就是一个典型的代表。

由于中国人不喜欢脸上有阴影，认为那是瑕疵，所以他就不像西方画家那样有意地突出明暗对比，而是采用正面来光，去掉了脸上的阴影；比如山水风景，他就稍稍改变了一下西方的焦点透视法，因为严格按照透视法，从固定视点看出去会形成近大远小的视觉效果，而且难见景物全貌，不符合我们中国人的习惯。于是郎世宁就运用中国传统的散点透视，也就是一种"组合式"的视线，把不同位置看到的图景组合起来以形成事物的全貌。

举个例子，用焦点透视的画法，如果站在山下画山，是看不见山顶的，更不用说看见山间的细节了。但中国画中的散点透视却不同，不仅山脚、山腰和山顶都能看得见，连山间的行人都能看得清，区别正在于西方的视线是固定的，而我们的视线则是流动的。

中西绘画技法中还有许多不同，也都被郎世宁慢慢摸索了出来，所以他的作品既发扬了西方绘画造型准确、色彩艳丽的特点，又融合了中国人观看的习惯，形成了一套结合西洋画法和中国意境的新风格。总而言之，郎世宁作品的画面效果既写实又有立体感，同时还有中国画的笔墨意韵。

这种风格很受欢迎，所以郎世宁是很忙的，他总要忙着画像。为皇帝画像的繁重任务就不用说了，宫中数不清的后妃们也需要他来画像，还有大量王公贵胄争相委托他画像，所以郎世宁留下的肖像作品数量不少。

郎世宁的能力当然还不只是画肖像，他还很擅长大场面、大制作。

故宫还收藏着郎世宁的名作《万树园赐宴图》《乾

郎世宁《百骏图》(局部),清,台北故宫博物院

隆观马术图》等，中西结合的画法在这样的大作品上，确实有它独特的便利。大场面恢宏盛大、一丝不乱，其间小如豆芥的人物也都神采毕现、色彩艳丽。

为了宣扬自己的赫赫功绩，乾隆还让郎世宁设计过大型版画。《乾隆平定准部战功图册》就是由郎世宁绘制图案，并在欧洲刻制的铜版画，画面在很大程度上保留了西方纯正的明暗效果和写实性，算是真正的"洋为中用"。

郎世宁创作过许多史诗性的巨制，圆明园的西洋楼也有他的设计。

在乾隆三十一年（1766年），郎世宁离世，享年七十八岁，其中的五十一年是在中国度过的。

他的墓碑上，刻着乾隆亲笔的墓志，这是乾隆给他的哀荣。

不过，以传统中国绘画的眼光来看，郎世宁的作品有时难免显得有些尴尬、有些边缘。他的风格显然并不属于中国正统，还被中国传统画家认为匠气太过，甚至不太屑于学习。我们看到他的画，绝不会将它们认定为"中国画"，当然，他这些作品也不属于西洋画。从另一个角度来说,郎世宁的作品又显得多么的独一无二。

对于这种不同的文化,清代的几位皇帝态度倒都抱有一丝宽容,抱有一点好奇,愿意让中西艺术试探性地融合、互补,于是开出了这样一朵奇葩来。

清

写字人钟

故宫里的「警世钟」

故宫里有两个单独收费的展馆，一个是珍宝馆，一个是钟表馆。珍宝馆独居一处，这很好理解，毕竟珍宝难得，是很有资格享受这样的待遇的；但专门辟出一处钟表馆，说起来就让人觉得有点"虚张声势"了。钟表嘛，有什么稀奇呢？

钟表本身确实也没什么稀奇的。

令人称奇的是，故宫竟然是全世界收藏十八至十九世纪机械钟表最丰富的博物馆。是不是没想到？

这些西洋钟表的来历各不相同。

其中的一小部分是当年欧洲各国送给皇帝的礼品，还有一部分则是由广东海关的官员从西洋商人手中购买，再进献给皇帝的。对于这些钟表制造厂来说，这可是难得的荣誉，如果他们的钟表能够有幸进入中国宫廷，制造厂的身价也会因此大大提高。

不过，别忘了钟表馆里还有许多藏品可是土生土长的"国货"。当时清代皇宫里专门设有自鸣钟处负责收藏、制造和修理钟表，广东等地也有一批技艺高明的制钟表工匠。康熙年间，中国本土的钟表制造技术大大完善之后，西洋钟表一度就不那么"吃香"了。

为了讨得皇帝的欢心，本土的和外国的钟表制造商都使出了浑身解数，我们在今天去参观这些钟表时，仍然会惊诧于它们的巧妙设计。

这么多的西式钟表竟然会聚集在遥远的中国，并且达到了如此庞大的数量，其中的缘故，从一座特别的钟表上或许能窥得一点端倪。

这便是钟表馆里的明星，一座制造于十八世纪末期的铜镀金写字人钟。

这座钟的名字很直接，明白地告诉我们它的材质是铜的，表面还镀着金。因为它的保存状况相当不错，所以现在仍然金光灿烂、熠熠生辉。

在钟表馆里，这座钟被妥善地请进了玻璃柜里精心保护起来，一看就显得身份尊贵、与众不同。这并不是因为它的材质，最重要的原因在它后面的三个字"写字人"。

钟的最下层确实有个写字人的形象，难道就因为多了这么个小摆设，它就能获得这样的保护吗？想想大概不是，因为它看上去远比不上天文钟的精巧。所以，想要窥破"写字人"的奥妙，我们且需要一点时间。

写字人钟
清
英国制造
北京故宫博物院

从外观上看，它已经足够有看头了。

这座写字人钟通高 2.31 米，外形像是一座精巧的凉亭，亭子的柱子和屋脊上还有精工雕饰的小动物和花草，多亏有第二层上清晰明了的大钟盘，人们才不会把它误认为别的什么工艺品。

写字人钟从上到下一共分了四层，每一层都有特殊的设计，除了第二层老老实实地报时之外，其他各层都暗藏绝技。

最下面一层最抢眼，也就是那位"写字人"。

这俨然是一位欧洲十八世纪的绅士，正伏案持笔，全身心地投入到眼前的"创作"当中。无论是他的装束还是他身前的小案几，都是欧洲当时流行的洛可可风格，卷草繁花，装饰华美。这位绅士似乎若有所思，迟迟不肯落墨。

想要知道他写的是什么，就需要等他上弦开动的一刻。现在他已经停了下来，大概因为写了两百多年，需要歇歇了吧。

这个写字人的精巧与神奇之处在于，如果为他手中的毛笔蘸好墨，再打开开关，他就可写出"八方向化，九土来王"八个富有气魄的汉字楷书,章法工整有致,笔锋顿挫,清晰传神。

这座钟是十八世纪晚期的纯机械作品,竟然能够操控柔软的毛笔写出这样有灵魂的书法,可见工艺难度之大,机械设计之精密了。

再看这八个字,内涵也非同一般。"八方向化,九土来王",这种气魄可不是普通人能够具备的,真有王者之风。

除了这八个字,钟上还有更令人称奇的设计。

钟的第三层上有一个敲钟人,每逢三、六、九、十二的准点,他都会按时奏乐报时。乐声响起,最上面一层便会转出两个手举圆筒的小人儿,各自转身之后圆筒打开亮出一道横幅,上书四个大字:"万寿无疆"。这也不是一般人敢领受的祝福啊!

看来这位写字人想要取悦的对象,一定不是个普通人,似乎是中国的皇帝呢。你看他多么精通中国文化,而且专门挑选深得皇帝心意的吉祥祝福。如果你看得更细一些的话,会发现这个写字人单膝跪地,显得恭谦之至,那么他面对的定是皇帝无疑了。

他究竟是谁呢？他面对的又是哪个皇帝呢？

我们还得从他的故乡开始解密。

他的故乡在英国，他的制作者是英国伦敦的制钟高手威廉森，而定制者则是马戛尔尼。

这位马戛尔尼在中国近代史上大名鼎鼎，正是他率领着英国使团于1792年访问中国，才有了中国近代史上的一系列事件。

他要来拜访的是乾隆皇帝，所以你现在能理解为什么这座钟表会设计成这个样式，并且用了这样的祝愿之词了吧。

乾隆皇帝果然对这个既新奇有趣又寓意美好的礼物相当满意。马戛尔尼的心思看来没有白费。

据说进贡给乾隆的钟表不止这一个，而且后来又从世界各地陆续进来了许多，其中还有不少是产自瑞士的高档货，但乾隆皇帝始终最喜欢这个写字人钟。我想，除了它抢占了先机以外，最重要的还是它写下来的这八个字，实在是合乾隆皇帝的胃口吧。

八方向化，九土来王。没有哪个皇帝不期待这样的盛况。

当然，马戛尔尼没有想到的是，虽然钟表深得皇帝的喜爱，皇帝也对他们礼遇有加，但他们此行的目的却丝毫没有达到。

他们想和中国通商，把他们自认为大有市场的物件销到中国，顺便赚点中国人的白银。因为在此前他们每年都要从中国进口大量的茶、丝绸等物品，中国却几乎从不从英国进口什么。

此次他们志在必得，钟表就是让他们满怀信心的重要物品。

不过他们想错了，乾隆皇帝对这些代表当时欧洲先进科技的物件表达了一阵子强烈的喜爱和新奇之后，便不了了之了。

倒不是没了兴趣，只是此后我们中国自己的工匠也自行模仿又研发出了钟表，这些西洋钟表也就不过尔尔了。更何况中国古代传统中对机械这类形而下的东西向来有点看不起，越精工细致，越像是"奇技淫巧"，所以很快这些东西也就落了灰。

早期的钟表制造工艺繁难，人们也不满足于简简单单的钟表样子，而是喜欢大张旗鼓地进行装饰。大型的钟大多被伪装成了其他的样子，比如设计成一座花园，其间有人物嬉戏；或者设计成一丛热带雨林，其间有动物出没；或者做成大象拉着乐队行进，总之极尽想象力。

即使是最简单的座钟，上面也会有珐琅绘制的图案，金发碧眼的维纳斯和胖乎乎的丘比特等形象，这些西洋风格的绘画，也就成了当时中国人见到的最早的西方绘画了。

后来，中国本土设计制造的钟表在机械工艺上也毫不逊色，只是在装饰风格上加入了中国传统图案。

西洋楼被改造成了中国式的亭台楼阁，法式花园成了中式田园，还有渔樵耕读的场景，当然更少不了各种传统吉祥图案。

不得不承认，我们的工匠实在是太高明，这么复杂精密的东西也终被他们破解了奥秘。或许皇帝也觉得西洋玩意儿不过如此，天朝上国的自豪感也因此更强了吧。最后，皇帝得出了一个结论：我们什么都不需要。

乾隆几乎不假思索地拒绝了英国使团的通商请求，

铜镀金象拉战车乐钟
英国制造
北京故宫博物院

英国人为了赚钱便使出了歪主意,走私鸦片成为获利的法宝,这便拉开了鸦片战争的序幕。

了解了这段历史,你再看这座钟,会发现它的与众不同不仅在于令人叹为观止的机械之巧,更在于它见证的那一段由盛而衰的历史。

当时和这座写字人钟一起进贡的,还有英国的滑膛枪,这是他们当年最顶尖的科技成果。当然,乾隆皇帝连看都没有看，就让人放进了圆明园。最后，最先打开这些枪支包装的人是火烧圆明园的英法联军。

现在转头再看这座写字人钟上的"八方向化，九土来王"，它更像是一句讽刺的话了。

从这个角度而言，写字人钟也可被称为一座警世钟。

最后我们再来了解一点关于钟表的历史吧。

早在明万历年间，意大利传教士利玛窦向皇帝上贡了四十余件礼品，其中就包含了两件钟表，这就让万历成为最早见到这种西洋玩意儿的皇帝。万历皇帝对这个前所未见的稀罕物表现了特别的兴趣，让人随利玛窦学习钟表调试，并且为钟表的术语命名，齿轮、钟摆这些词，正是当年留下的译名，一直流传至今。

要说起来，当年利玛窦带来的那四十余件礼品中，有一件更加重要的东西，那就是号称在西方国家与《圣经》拥有一样普及度的《几何原本》。当时的中国官员徐光启也是科学家，知道它的价值，于是就开始翻译了这本书。此书在1607年被刊印出版，掀起了一场中国科技的革命，只可惜它没有持续下去，否则历史可能又是另外的样子。

还是说回钟表。

据考证，人类早在五千年前就开始测量时间，但最终，几个古老的文明不约而同地采用了日影计时器，那就是日晷。

说起来，中国正是最早使用日晷的国家，早在周代就已有了日晷的雏形。

日晷像一个大石盘倾斜地搁置着，石盘的圆心上插着一根金属长针，它的影子投射下来，对应着石盘外围刻着的字，这些字一共十二个，正是我们古代用来计时的十二地支。

故宫太和殿前的日晷

子、丑、寅、卯、辰、巳、午、未、申、酉、戌、亥。

太阳在一日之内位置不同，影子便指向不同的时辰，这便是最早的太阳钟。

日晷看起来不过一石一针，我也描述得如此简单，但其中包含的天文地理知识可不简单。在不同的纬度上，日晷的倾斜角度、刻度划分甚至指针的高度，都有许多的讲究，其中的科技含量着实不低。

其实早在夏商时期，人们就已经在使用漏壶报时了。漏壶根据流媒，也就是滴落的物质不同，分为水漏和沙漏。古人以壶盛水，水均衡滴落到设在更低处的壶中，最后根据一支浮箭所指的刻度来读出相应的时辰。

现在，无论是漏壶还是日晷，故宫里也都还能见到它们的身影。

清

瓷母

凝聚在一件瓷器上的陶瓷发展史

中国陶瓷在我们文化当中的分量不言而喻，即便皇皇巨著也难以说得透彻，如果想用一个瓷瓶就展现出中华几千年的陶瓷史，显然是夸张得有点过分了。

不过，如果把陶瓷史浓缩又浓缩的话，我们还真可以找到这么一件作品，勉强担当这样的重任。

这是一件高86厘米的各色釉大瓶，因为它使用的釉色和工艺都太过繁复，以至于"无法描述"，所以人们只能囫囵给它个名字——乾隆各色釉大瓶，不过，大家更通俗的叫法其实更传神，这就是"瓷母"。

从上到下，瓷母包含了珐琅彩、粉彩、仿宋代哥窑、青花、窑变、斗彩、仿宋代官窑等十五种方法，也就是说把历代陶瓷中最有代表性的釉彩工艺一举囊括，瓶腹的开光，也就是画片，多达十二扇，分别是三羊开泰、丹凤朝阳、太平有象等吉祥画面，颈部还有一对描金的夔耳，也就是一种一条腿的龙。

说实话，这个大瓶子因为各种工艺堆砌太过，一眼望去只显得热闹喧腾，实在算不上多美，但这只瓷瓶的烧造技术，却真正做到了登峰造极。因为各种釉料、各种色彩的呈色温度不同，想要让各种釉料都以完美

瓷母
清
北京故宫博物院

的状态呈现，几乎是一件不可能完成的任务。

不过，到底还是做到了，所以让它作为中国陶瓷史的一件代表作还是够格的。

既然这样，我们便不妨从中细细寻找中国辉煌陶瓷史的线索吧。

陶和瓷其实是两样东西，它们的材质不同，烧制温度也有异。

陶器的用料比较随意，就地取材的黏土在 800 至 1000 摄氏度烧结基本上也就成形了，但胎质比较粗疏，硬度也不够。

瓷器的材料可要讲究得多了。

瓷器只能使用瓷石、高岭土等材料烧制，这是烧成瓷器的关键。十七世纪时欧洲人狂热追捧中国的瓷器并且极力仿烧，但几百年间都未能如愿烧成真正的瓷器，很大的原因就是由于他们没能找到适合的瓷土。

瓷器的烧成温度也更高，需要达到 1300 摄氏度以上，烧成后的胎体致密，硬度高，甚至还有微微的透明感。

如果说瓷土是骨肉，那么温度则是灵魂。

不只如此，我们还要在瓷胎上施釉，釉料中含有一定量的氧化铁，于是在烧造过程中会呈现出青或黄色，这便是青瓷了。

到了唐代，青瓷迎来了一次华美的亮相，一种青翠浓郁的色彩被称为"秘色"。秘色瓷带着一种不可捉摸又难以名状的神秘感，成为历代文人颂咏的对象。青瓷的主要产地在浙江的越窑，这也是当时最著名的窑口。

北方能够稍相抗衡的是白瓷。

其实青瓷在唐代只能算是开了个头，宋代才真正达到顶峰，汝、官、哥、钧、定五大名窑中，除了定窑出产白瓷以外，其余四个窑口全是青瓷的天下。而且宋代以这个时代特有的儒雅清淡，让青瓷的翠色不再那样浓艳夺目，而是低调了许多，罩上了一层淡淡的轻雾，像是染上了这个朝代特有的感伤。

汝窑瓷器现在已经是传说中的珍宝了，全世界现存完整的汝窑瓷器，把杯盘碗盏全加起来，也不过六十余件，北京故宫博物院收藏了十七件，算得上数量庞大。

按照宋代的审美标准，奢侈并不是放在明面上张扬的，而是低调地用在了内地里。汝窑就是这种审美的代表。为了追求软糯凝滑的效果，宋代的工匠们竟然异想天开地在釉水中加入了玛瑙粉末，这一试，便试成了独步瓷器史千年的汝窑。

格外出人意表的还要数钧窑，因为釉水中夹杂着微量的氧化铜，高温之下氧化铜呈现出或浓或淡的紫红色，钧窑的瓷器便有了令人无法预料的色泽。这种变化称之为"窑变"。

有了窑变，就有了姹紫嫣红。光是红，便有海棠

褐釉彩绘虎形枕
金
北京故宫博物院

红、胭脂红、鸡血红、朱砂红，紫有玫瑰紫、茄色紫、葡萄紫，还有青色，有鹦哥绿、梅子青、天青，当然还有一抹月白似月光。只是这些颜色的名字，都让人沉醉。

还有别具特色的哥窑，由于胎体和釉面在烧制时的收缩程度不同，釉面会形成裂纹，称为开片。这本是烧制中产生的"瑕疵"，但哥窑的工匠们偏偏艺高胆大，有意彰显甚至制造这样的"瑕疵"，以成就哥窑瓷别具一格的风度。嗯，你看，这些开片的名字多美，它们被称为金丝铁线、墨纹梅花片、叶脉纹、文武片……

你看吧，瓷母上把宋代这四大青瓷窑口的代表绝活儿都仿了个遍——口沿下部及足部的几道纤细的粉绿是哥、官、汝窑的素简雅淡，颈肩交接处的那一圈玫瑰紫，便是钧窑的浓重。

只可惜定窑没能占到一席之地，因为定窑瓷最精妙的成就在其造型。如果你看到了定窑的孩儿枕，定会莞尔，宋人的生活该有多精致，才会在枕头上也下这样的功夫，瓷娃娃笑脸纯真，或趴着嬉戏或手举莲叶，形态和功能被完美地结合在一起。我想当年枕它入梦的人，梦也一定是甜的。

元代夹杂着刀兵剑气轰然而来，于是元代的瓷器也一改宋代的柔软清润。蓝白两色是蒙古人的最爱，风吹草低的原野上，头顶的蓝天白云是最美丽的风景。

所以，青花瓷在元代大行其道便不难理解。元青花不仅色彩上简单直接，而且器型上声势浩大。大器，说的便是它们。

元青花的代表作中有许多形体硕大的器型，很符合草原民族的审美，也适合他们日常生活的需要。大碗喝酒大块吃肉，总归是需要这样的大物件。

元青花展现的，全是一派快意人生！

元青花的强悍霸气也体现在色泽上，蓝得浓烈，蓝得炫目，蓝得泼辣。

你看瓷母上颈部那一片明朗的青花，就带着这样舍我其谁的气势。

这种惊艳了世人和时光的器物，成了西去万余里的路途上珍贵的货物，一路向西而行，一路自带光环，王公贵胄、富商巨贾都为它折服。

在地中海边的土耳其，至今收藏着全世界数量最多的元青花。

元代还发明了一种高足杯，想来当年来去如风的汉子们不用下马，只轻轻在马背上俯一俯身子便可以擎住高足，举杯畅饮了。

一个时代有一个时代的审美，也有一个时代的艺术形态，在瓷器上表现得实在是太直观！

元代的离去正如它的到来，都像是一阵疾风。到了明代，青花瓷技术越发成熟了，还独出心裁地发明了青花釉里红。

不要小看了两样颜色的混搭。

我们知道，瓷器表面想要呈现出两种颜色，釉水中便要含有不同的元素。蓝色的呈色剂是钴，红色是铜，它们呈色需要的温度不同，所以窑内的温度稍有一点不精准，色彩便难以完美呈现。要么得到了纯正的蓝色，红色就会太浅发灰或者太深近黑色；要么保证了红色正常，蓝色就可能还没有完全显现出最纯正的味道来。

不过办法总比困难多，青花釉里红总之就是烧成了。

烧成了，便显出这青花釉里红一派云淡风轻的气质。

这还是开国皇帝朱元璋洪武年间的事，明代的瓷器开篇就这样惊艳。

这是第一次，瓷器上同时有了两种高级而庄重的色彩，这也是一种难得的启发，原来几种色彩的混搭也可以这么美！

青花海水云龙纹扁瓶
明
北京故宫博物院

不过，想要看到色彩绚烂的瓷器还得再等等。明代仍然还是以青花为大宗，因为这种风格特别的瓷器能够做到中外通吃，宫廷和民间也无不喜爱。

当然，为之倾倒的还有异域的民族。

明代瓷器的出口规模蔚为壮观，由于几乎全是青花瓷，所以它们便成为中国瓷器的符号和代言人。要知道当年的欧洲人称这种神奇的物质为"白色金子"，拥有它们是财富和地位的象征，所以在西方绘画当中我们总能不时见到这样的一抹幽蓝，其实这是他们在炫富啊。

自从被中国瓷器迷倒，西方人就一直不停地在仿制，只可惜没有适合的高岭土，他们想要烧成真正的瓷器还要等到十八世纪初。

当然，中国瓷器除了惊艳异邦，也会默默吸纳"异域风情"，文化的交融清楚地体现在了瓷器里。

明代的瓷器中出现了许多特别的器型，比如扁壶、八角烛台，都明显是来自西亚文明中的器型。连同瓷器上的纹饰，也出现了伊斯兰艺术中最常见的繁复勾连的几何纹样，有些还直接出现了阿拉伯文。

明代的纯色釉也是绝唱，永乐的"甜白"，宣德的"宝石红"，弘治的"娇黄"，正德的"孔雀绿"……单单是这些字眼，便组成了一个纯粹明净的世界！

明代又发明了釉上的斗彩和五彩，先烧成青花素胎，再在釉上填彩二次低温烧成，瓷器从此就一改单一色彩的局面，走向了五色炫耀。

你看瓷母的颈部仿钧窑的玫瑰紫下那一圈，正是斗彩了。

到了清代，皇帝对瓷器的爱好达到了空前的地步，康、雍、乾三朝的皇帝都直接参与到创造当中，甚至还亲自设计样式。

凡是能够在瓷器上实现的色彩，清代都一一烧造了出来。由于篇幅有限，我们不能一一列举这些美好的色彩名字，你不妨发挥想象力试试看，能不能想出些奇异又传神的色彩名。

单只说红色，此时有了霁红、豇豆红、宝石红、郎窑红、珊瑚红、胭脂红、海棠红等，最传神的是根据不同的深浅，分为美人醉、孩儿面和桃花片。

为瓷器命名的人们，简直是诗人！

康熙年间，西方的颜料也被纳入到了瓷器当中，烧成了秾丽富贵的珐琅彩，珐琅本是用来填烧铜胎的颜料，也就是我们所说的景泰蓝，现在倒促成了一种新的瓷器种类。由于颜料珍贵难得，它只用在御窑中。

雍正的审美格调雅致清丽，所以他下令仿烧了许多宋瓷。雍正一朝的彩瓷，也别出新意。

为了柔化五彩过于直白通俗的气质，雍正年间的工匠们在釉料中加入了玻璃白，其实就是玻璃粉、牙硝、白信石等矿物研磨成的粉。这样，色彩就不那么浓艳，而变得柔和起来，具有了过渡色，因此被称为"软彩"，学名叫"粉彩"，粉润轻软。

故宫的九桃天球瓶，正是此时的珍品。桃尖的一抹浓红渐渐过渡到底部的浅黄，宛若天成。枝干上未褪尽的桃花，也是粉白过渡，格外真实自然。这正是粉彩独特的表现力。

到了乾隆时期，他喜欢在瓷器烧造上不遗余力地堆砌出花团锦簇、热火朝天的效果，但并没有创造出更多的釉色新品种。

不过，因为乾隆时期国力强盛，所以人们有意愿、也有能力去搞"研发",把瓷器的烧造技术推向了顶峰,这才有可能烧成这样结合十多种釉彩并且每一种都能完美呈现的大家伙。

集历代之大成是乾隆朝的工艺美术的特点,这时的瓷器画面上还融入了西洋透视和阴影的画法,对器型的设计更是不遗余力,转心瓶、交泰瓶等几乎不可能做到的样式都被发明出来,看它们的工艺,绝对算是瓷器烧造的"奇技淫巧"。

中国的瓷器,终于攀上了最后一座峰顶。

也许有人会觉得这件"瓷母"由于夸张的堆砌导致缺乏美感,甚至觉得它俗不可耐,但我们不可否认这瓷母瓶本身确实是件了不起的"高科技"瓷器。更何况它凝练了这样一部极简的瓷器史,这也确实是盛世才有的气度和胸怀。

只可惜成就越大,遗憾越深,因为自乾隆以后,国势骤衰,百业荒芜,中国瓷器的光芒随之黯然,一曲激昂的赞歌,最后只剩下了短促又苍凉的收梢。

清

儿童斗草图

古人在端午节玩什么？

斗草真是个生命力旺盛的游戏,它早在春秋时代便已经很流行,但一直到今天,大家仍然还对这个游戏颇有兴味。

生命力旺盛的主要原因,正是因为它规则简单,材料易得,只需要两个人寻找两根草茎相拉扯,谁的草茎更结实硬朗,谁便获胜。

不过,在古代,斗草其实还有更多的讲究。

唐代诗人刘禹锡曾描绘过斗草的事,"若共吴王斗百草,不如应是欠西施",你看,春秋时期的宫廷里已经以斗草为乐了。

不过,不知道吴王和西施斗百草是用的哪一种斗法。

因为在古代,斗草分为文斗和武斗两种。

所谓"文斗",就是以自己采得的花草名作对,以对仗的形式互报草名,谁采的草种类多,对仗的水平高,坚持到最后,谁便赢。因此玩这种游戏不具备足够的植物知识和文学修养是不行的。

文斗深得文人和女性的喜爱。唐代时,这个游戏极为兴盛,在女性当中便发展为一种特有的"斗花"雅事,她们不再满足于以对仗争胜,而是把采来的鲜花簪

金廷标《儿童斗草图》
清
北京故宫博物院

得满头比美。

唐代的敦煌曲子词中就有"斗百草"的词牌,到了宋代也有"斗百花"的词牌。连苏轼都乐此不疲,他就写过"寻芒空茂林,斗草得幽兰"的句子。后来,斗草也不仅仅限于用真正采集的实物来作对,只要想得到的花草名和诗文都可以用来比拼,这斗的就是脑袋里的积累和嘴皮子功夫了。

关于斗草一事,《红楼梦》六十二回"憨湘云醉眠芍药裀　呆香菱情解石榴裙"中有一段精彩内容,读来赏心悦目:

> 大家采了些花草来兜着,坐在花草堆中斗草。这一个说:"我有观音柳。"那一个说:"我有罗汉松。"那一个又说:"我有君子竹。"这一个又说:"我有美人蕉。"这个又说:"我有星星翠。"那个又说:"我有月月红。"这个又说:"我有《牡丹亭》上的牡丹花。"那个又说:"我有《琵琶记》里的枇杷果。"豆官便说:"我有姊妹花。"众人没了,香菱便说:"我有夫妻蕙。"

实在是风雅之至。不过，众人因为见识有限没听说过夫妻蕙，倒是把香菱取笑了一番……

最后还是要等识得情趣的宝玉来：

宝玉笑道："你有夫妻蕙，我这里倒有一枝并蒂莲。"

这是《红楼梦》中的重彩一笔，因为这一段涉及了宝玉的生日，所以大家也根据芍药的花期和斗草这个游戏而推断宝玉的生日在四月底五月初。

斗草在古代正是属于五月初五端午的节令游戏。

农历五月正值仲夏，天气酷热，所以各种毒虫活跃起来，民间便会想办法避免五毒之害。大多数都是用植物驱除害虫，有直接佩戴辟虫植物的，有缝制香囊中装香草的，有以兰香汤沐浴的，都需要大家踏百草采药材，久之便形成了斗草游戏。

其实除了寻找花草以决游戏胜负，斗草还成为青年男女互诉衷肠的一种社交手段，有花有草有爱，多么风雅有趣又耐人回味！

宋代词人的《破阵子·燕子来时新社》中便有一段

关于斗草的,"巧笑东邻女伴,采桑径里逢迎。疑怪昨宵春梦好,元是今朝斗草赢。笑从双脸生。"有情人真是满脸笑意了。

不过,孩子们就顾不得这么多了,他们的斗草方式简单粗暴,所以称为"武斗",也就是我们现在仍然还在玩的方式。

只管找到草茎互相拉扯就行,所以才有范成大的《四时田园杂兴》中所说,"青枝满地花狼藉,知是儿孙斗草来",表现在清代的画家金廷标的这幅《儿童斗草图》中,便是孩童嬉闹,生机盎然了。

清

样式雷

你叫得出名字的古建筑，大多出自这家人之手

如果请你说出几个中国古建筑的名字，我想大家最熟悉的大概首推故宫，然后你也许还会说天坛、颐和园、避暑山庄……

这个名单会很长很长，我就不一一排下去了，但是排在前面的这些，都与一个家族有关。当然，我说的不是清代帝王爱新觉罗家族，而是设计建造出这些建筑的人——雷氏家族。

在清代，负责为皇家设计建筑并监管施工的专门机构叫作样式房，雷氏家族的七代人都做了样式房的头儿——掌案，所以大家便称这个家族为"样式雷"。

样式雷是南方人，第一代名为雷发达，在康熙年间从江宁，也就是现在的南京来到北京，因为身怀技艺，便在紫禁城谋到了差事。

经过第一代"北漂"雷发达的努力，真正让雷氏家族声名鹊起，并且地位稳固的，是第二代的雷金玉。

雷金玉的人生转机来得很有戏剧性。

据说康熙中期时重修太和殿，在工程接近竣工的时候，要举行上梁仪式，这是建筑竣工的重要仪式，所以当天康熙皇帝亲临太和殿。

也不知是上梁的木工技术不好，还是因为看到了皇帝感到紧张，到了上梁的关键一刻，榫卯总是合对不上。这可是大大的不吉利，皇帝如果因此而生气，有人就可能掉脑袋。就在这关头，艺高人胆大的雷金玉自告奋勇上去装梁，只啪啪几斧头便轻松解决了问题。

康熙皇帝很欣赏这个年轻人，于是召见了他，问询几句后发现这个木工才思敏捷，于是当场拍板儿让他当了样式房的掌案，这件事记录在了雷金玉的墓志里。

不仅如此，连康熙都在《畅春园记》里提到过这位杰出的匠师，并表达出对他的牵挂。作为当时的工匠，一生的殊荣也莫过于此了吧。

雷氏家族从这一刻起开始走向了巅峰，中国建筑史也就此迎来了一段特别的辉煌。

样式房要负责为皇家营造宫殿、皇陵、园林等，尤其在大兴土木的清代，样式雷家族花费的心力可想而知。

这个家族因为声名响亮，所以不仅为皇帝营造各类建筑，也受聘于王公贵族，为他们设计府邸等。样式雷家族在两百年间前后八代人究竟设计了多少建筑，

天坛　　　　　　　　　　　　　　　　　　　　　　（海峰／FOTOE）

现在很难统计出确切的数字，这里只抄录大家常提到的，如下：

故宫、北海、中海、南海、圆明园、万春园、畅春园、颐和园、景山、天坛、清东陵、清西陵等，以及京城大量的衙署、王府、私宅以及御道、河堤，还有和建筑相关的彩画、瓷砖、珐琅、景泰蓝等。此外，还有承德避暑山庄、杭州的行宫等皇家建筑。

因为样式雷的作品太多、成就太高，大家喜欢用这个数据来概括——中国现在五分之一的世界文化遗产都是样式雷的作品！

要知道，这每一处遗产都不是单独的建筑，而是一座浩浩荡荡的建筑群啊！

圆明园因为损毁严重只留下遗迹，无法入选世界文化遗产，但这座万园之园的总设计师，也正是样式雷！

还需要说什么呢？

不过，这份荣耀是样式房掌案的人前辉煌，在荣耀背后的，是样式雷家族无数个殚精竭虑的不眠之夜，甚至第六代样式雷为了给慈禧太后设计陵寝数易其稿，最后耗尽心血劳累而死。

每一点光芒，都是点燃生命散发的啊！

当年的建筑师绘制图纸没有电脑帮忙，所有的设计工作全靠手绘，烦琐程度可想而知。

皇家工程远比普通百姓的居所要求高得多，先是要看好风水选好址，当然这并不由设计师负责。

然后再由专门的算房丈量出面积等相关数据，最后

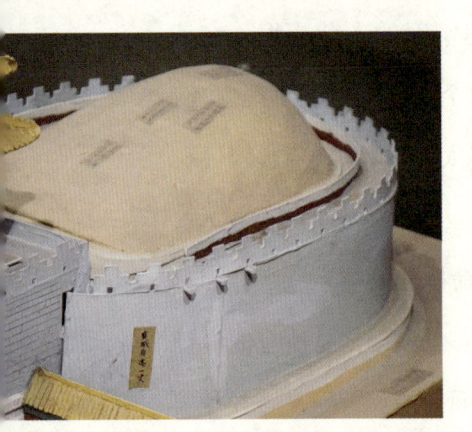

一座皇陵的烫样，上面贴的签是各部位的名称和建筑的实际尺寸。

才由样式房根据皇帝的要求和想法进行设计。

设计时要绘制大量的图样，包括总体平面图、透视图、局部图、放大图等，差不多就是现在的测绘图、规划图、设计图、施工图、竣工效果图，由粗到精一应俱全。

不过，这还没有完。要呈给皇帝御览，这还不够。因为皇帝对于建筑毕竟是外行，看这些图纸还是太抽象了，所以还需要更加具体的东西，那就是建筑模型。

古代的木建筑结构复杂、细节繁复，远比我们现在的楼房要复杂得多，所以制作难度也不知要大多少倍。虽然样式雷是掌案，统领整个样式房，但这个精细工作也得他本人直接参与。

这种模型是按比例尺缩小的，有一分样、二分样、五分样、寸样等，也就是按一百比一或二百比一等比例制作模型小样。

模型用草纸板加糨糊、胶等热压制成，所以叫作"烫样"。

烫样不光是个建筑外观的空壳子，所有的建筑元件，包括台基、瓦顶、柱枋、门窗都得一一按比例精确完成，房顶是活动的，以便揭开供皇帝和后期的施工者清楚地看到内部结构。

这还没最后完成。

房内的陈设也不能马虎，既然是效果图，也包括室内陈设的效果。

所以床榻桌椅、屏风纱橱也一应俱全，均按比例布置妥当，这样才算是完成了。

要是遇到皇帝不满意，需要再三修改，那工作量就难以计算了。

这些烫样作为日后施工的模板，上面还被一一贴上标签，把每一个尺寸都写得清楚明白。所以即使到现在，我们仍然可以根据这些烫样和尺寸轻松地复原早已消失的古建筑。

地安门就是这样一个例子。

地安门烫样屋顶上的标签写道："地安门一座，面阔七间，宽十一丈四尺二寸，南北通进深三丈七尺六寸。明间面阔二丈二寸，次间面阔一丈七尺四寸，梢间面阔一丈五尺。檐柱高一丈八尺、径一尺八寸。中柱高二丈四尺二寸。九檩歇山式屋顶，斗科单昂。"

连我们这些外行看了,都觉得清晰明了,有据可依。

这些图纸和烫样在当时可不像现在的建筑施工图一样可以公之于众,由于涉及皇家建筑,尤其是皇帝陵的设计布置,它们都属于国家的绝密文件,需要被悉心保管。

圆明园"万方安和"烫样,北京故宫博物院

这些珍贵的建筑设计资料被样式雷家族一代代悉心保存,一直到二十世纪三十年代,家道败落生计艰难以后,雷家后人才变卖了这些资料。

　　好在接手人是中国营造学社,这是中国私人兴办的专门研究中国传统营造学的学术团体,梁思成、林徽因夫妇正是其中的成员。

　　说来实在令人痛心,样式雷家族在第八代之后就开

北海澄性堂烫样(局部),清,北京故宫博物院

始没落了,因为到了清末,样式雷的主要"客户"皇室早已财力不济,无力兴建大工程。辛亥革命以后样式房又被撤销,加上西方新技术新样式的涌入,西洋建筑日渐"吃香",样式雷家族就日渐凋敝了。

许多年过去,故宫、颐和园仍然屹立在岁月里接受世人的赞美,但样式雷的名字却几乎被遗忘殆尽,直到晚近,他们留下的图档才被学者发现、研究。这个家族的传奇历史以及我们中国传统建筑的设计方式、思想才被重新发掘出来。

拂去岁月的尘埃,工匠精神,其实一直都在中国的历史中闪闪放光。